JN083317

お金を

貯められる
人の
貯められる人、
貯められない人の
共通点

すごい習慣

横山光昭

ぱる出版

はじめに

収入が少なくても、お金は十分貯められます。

物価が上がっている。なのにお給料はちっとも上がらない。
贅沢をしているわけでもないのに、なぜかお金がなくなっていく。
とてもじゃないけれど、お金を貯める余裕なんて……。

このようにあきらめの気持ちでいる方も多いのではないでしょうか。

こんにちは。家計再生コンサルタントの横山光昭です。
物価が上がる一方だし、水道、電気、ガスもどんどん値上げ。子どもも大きくなるにつれて、食費も教育費もかかってくる。欲しいものもいっぱいある……。お金は出ていくばかりなのに、収入は増えない。このままでやっていけるだろうか。

将来は？　老後は？

私のところにも、そのような不安を抱えて訪れる方が非常に多いように思います。

このような方たちにはいつもこうお伝えしています。

「大丈夫ですよ。少しやり方を変えれば、収入に関係なくお金を貯めることができますよ」

これまで私は2万件以上もの家計を見てきましたが、**お金を貯められる人には「ある共通点」があることがわかりました。それと同じく、貯められない人にも似たような傾向があることが見えてきました。**

それらをまとめたのがこの本です。

具体的には、

- **お金を貯めている人はどのような思考をしているのか？**
- **お金を貯めている人はどのような行動を取っているのか？**
- **お金を貯めている人にはどのような習慣があるのか？**
- **お金を貯められる人と貯められない人の違いは？**

・お金を貯めるために、これからできることは何？

などです。実例を多く挙げながらご紹介しています。

これだけは断言できます。

お金を貯められる人＝お金を稼いでいる人ではありません。

いくら収入が多くても、収入以上に支出が多かったら絶対にお金は貯まりません。そして意外とお金を貯められていないのが、平均以上に収入がある人です。

逆に、たとえ収入はそれほど多くなくても、毎月家計を「プラス」にしていたら、着実にお金は貯まります。それほど収入が多くない人のほうが、工夫をしながら堅実に貯めているケースが多いです。

実は、**お金を貯められる人と貯められない人の差は、ほんのちょっとした考えや習慣の違いだけです。**貯められるか？　貯められないか？　は、ほんのちょっとの差なのです。

ということは、たとえ**今はお金が貯められていなくても、思考や習慣をほんの少し変え**

てみるだけで、お金を貯められる人に変われるということです。今からでも大丈夫。十分間に合います。

まず本書を読んだら、「これならできそうだな」と思えることをぜひひとつでもやってみてください。

この第一歩が、大きな変化を生み出す偉大な一歩になります。

＼貯められないのには、理由があった!!／

Case 1

食事にこだわりすぎる

「家族には体にいいものを食べさせたい」と食事には人一倍気を遣うある方。「宅配食材なら間違いない」とこだわっていたら、食費が月9万円に……！

↓１１１ページ

Case 2

教育費が止まらない

「子どもにはいろいろなことを経験させたい」と、英語、サッカー、スイミング、バレエ、プログラミングなどのお稽古に通わせるHさん。月の教育費は13万円に。家計は毎月赤字。とてもじゃないけど、お金を貯める余裕なんてありません！

↓１４０ページ

Case 3 不動産収入をあてにするも……

2億円のローンを組んで、投資用アパートを経営しているHさん。「いつかは不動産収入が得られるはず」と、ついつい財布のひもは緩くなり……。現実は、毎月の家賃収入は全額ローン返済に。固定資産税などの税金やメンテナンス費などもかかり、予想に反して不動産収入はほぼゼロ。「寝ていてもお金が入る日」はいったいいつやってくることやら……？

↓141ページ

Case 4 「VIP扱い」がうれしくて……

ひとり暮らしのBさん。行きつけの洋服店から常連扱いしてもらえるのがうれしくて、「B様、春の新作が入りました」と連絡が入ると買うつもりもないのについつい訪れ、結局は買ってしまう。部屋には、一度も袖を通していない洋服が部屋に山積みになっているけれど……。

↓133ページ

お金を貯められる人のすごい習慣

貯められる人、貯められない人の共通点

目次

第1章

お金を貯められる人の共通点

第2章

お金を貯められない人の共通点

第3章

ムリせず「貯める」人になるために、今からやっておきたいこと

第1章

お金を貯められる人の共通点

普通の収入でも3000万円は貯められる

宝くじに当たらなくても大丈夫

「老後に3000万円貯めましょう」といきなり言われても、「え、宝くじでも当たらなければムリ……」とひるんでしまうかもしれません。実際、「私にはお金を貯められない。ムリだ」と希望を失っている人も多いように思います。

たしかに、自分の今の給料から毎月の支出を引いて、残った分を貯蓄して……を考えれば、道のりは遠く果てしなく感じるでしょう。あきらめて、やる気にすらならないのもムリはありません。

でも、冒頭でもお話ししましたが、別に稼いでいなくても、お金は貯められます。普通に収入があれば、時間とワザを使えば、3000万円を貯めるのはさほど難しいことではないのです。

たとえば、年収３００万円、現在の貯蓄が３００万円だったとしても、積立投資やＮＩＳＡ、ｉＤｅＣｏ（個人型確定拠出年金）などを利用し、さらに退職金も合わせれば、15年後、20年後に３０００万円を貯めることは十分可能です。

断言します。今からやれば絶対に変わります。

少なくとも、今から行動を起こしていれば、70歳になって「資産が全然ないです……」という危機的状況を迎えることにはなりません。

キャッシュフロー表を見てみると……

実際、相談にいらした方に、人生の収入と支出を書き出した「ライフプラン表」と資産の増減を記した「キャッシュフロー表」をお見せすると、「今からはじめたら、本当にこのくらいの資産額になるんですか？」「なんかだましていませんか？」と驚かれます。もちろん別にだましているわけでも、誇張しているわけでもありません。それはある一定の収入のある方なら誰にでも当てはまることなのです。ですから、もっと希望を持ってほしいと私は思っています。

「ある程度頑張れば、けっこういけるんだな」ということがわかると、モチベーションも上がりますよね。そうなんです、いけるんです。モチベーションが上がったら、ぜひ実行に移してください。「本当にそんなに貯まるの?」と疑問に思い、そこであきらめて何もしなかったら、いつまで経っても「ゼロ」のままです。むしろ、インフレによってマイナスになるかもしれません。

貯蓄から投資の時代に!?

日本政府も「貯蓄から投資へ」を目標に掲げ、「資産所得倍増プラン」を打ち出しました。これに先立ち、iDeCoは2022年からより多くの人が活用できるよう、改正されました。これまで対象者は60歳未満の国民年金被保険者でしたが、2022年からは65歳未満に。運用可能期間も最長70歳から75歳までに延長。会社員が利用できる条件も緩和されました。そしてこのプランの1つとして、今後も加入年齢の引き上げなどが検討されています。

また、２０２４年には新ＮＩＳＡ制度に改正されます。現在決まっているところでは、年間で投資できる上限額が１２０万円から３６０万円に引き上げられます。そのほか、生涯非課税限度額が１８００万円に。非課税保有期間が一般ＮＩＳＡで5年間、つみたてＮＩＳＡで20年間だったのが無期限になる予定です。これらが何を表わしているかと言えば、「制度は用意したから、あとはやるもやらないも自分次第ですよ」ということです。

これからはＷＰＰの生き方を

いまさらではありますが、公的年金だけで生活していける時代は終わりました。これからの時代は、「ＷＰＰ」の生き方がいいように思います。

ＷＰＰとは、60歳以降もできるだけ長く働いて収入を得（Work longer）、預貯金や退職金、企業年金、ｉＤｅＣｏや個人年金保険などの私的年金（Private pensions）を間にはさみ、終盤で国民年金や厚生年金などの公的年金（Public pensions）を利用する、という生き方です。日本年金学会で提唱されました。お金を貯められる人はすでにそれをはじめています。
今からはじめて何も変わらなかったら泣きそうになりますが、今やれば必ず状況は変わります。日本だけに目を向けていたら、成長率は低いと思うかもしれませんが、世界に目を向ければまだまだ手だてはいっぱいあります。
とにかく動くこと。行動を起こす！　と決めてください。お金を貯める第一歩は行動を起こすことに尽きると思います。

ココがポイント！

とにかく行動！　ＷＰＰ：できるだけ長く働いて収入を得（Work longer）、私的年金（Private pensions）を間にはさみ、人生の終盤で公的年金（Public pensions）を利用する生き方を

ムリせず自然にやっている

我慢しなくても、お金は貯まります

雑誌では「１食３００円で４人の夕食」とか「この節約法で年間３００万円貯めました」などの節約特集がよく掲載されています。こういう記事を見ていると、なんとなく「頑張って切り詰めないとお金は貯まらない」というような印象を抱く人もいるかもしれません。

でも、堅実に貯めている方を見ていると、あまり我慢をしているようには見えません。とても自然です。「絶対に自動販売機では飲み物を買わず、家から水筒を持って行かなければ！」「電車は絶対に使わない。駅まで歩いて、電車賃を浮かせないと」など、極端な節約をしている人はあまりいないのです。ときには自動販売機でお茶を買うこともありますし、普通に電車やバスを利用しています。

では、何が違うのでしょう？

それは、**「お金によさそうだなということは気軽に試してみる」**ということ。つまり、先にもお話ししたように、**実際に行動を起こしているということです。**

たとえば、携帯電話の通信費が１０００円台のプランがある、と知ったら「ちょっとやってみようかな」と気軽に試してみる。そのプランを利用してみて、もし使い勝手が悪かったり、使いづらかったりしたらまた替えればいい。まずは行動に移しています。ふるさと納税の話を聞いたら、まずはサイトを見てみて、よさそうなものがあったら申し込んでみる。投資も「やったことがないから、やめておこう」ではなく、「やったことがないから、少額から試してみよう」「まずはネットで調べてみて、それでもわからなければ、詳しそうな人に聞いてみよう」と動いています。つまり、聞いておしまい、ではなく、聞いて「貯めることの助けになるかも?」と思ったら試しにやってみようという行動力を持ち合わせているのです。

先日、私のセミナー参加者の中に、拙著を30冊以上読んでくださったという方がいらっしゃいました。「どうですか? 何か変わりました?」と、いい返事を心の中で期待しながら聞いたところ、「それが……全然変わらないんです」と言うのです。聞けば、本を読んだことに満足して、何も実行に移していなかったのです（笑）。

本を読んでくれたのはとてもうれしいのですが、その中から、ひとつでも２つでもやってみなければ、何も変わりません。**実行力はお金を貯めるうえではとても大事な要素なのです。**

自分で調べたり、人から聞いたりして「ちょっとよさそうだな」と思ったことは、まずは少しやってみましょう。お金を預けるなら少額から。一歩を踏み出すことが大事です。やるかやらないか？　だけの違い。これがのちに大きな差を生み出すのです。

ココがポイント！

「やったことがないからやめておこう」ではなく、「やったことがないから、少額からはじめよう」に

お金を後回しにしない

「お金のこと」を優先順位の上位に

家事に、育児に、仕事に……日々やることがいっぱいで忙しい毎日をすごしていると、どうしても後回しになってしまうのが「お金」のことです。つい優先順位が低くなってしまいがちです。やらなくても生活に支障を来すことはないからかもしれません。「少し時間ができたらやろう」「これが終わったら取り掛かろう」と思いながら、1日が終わり、1週間が過ぎ……気づけば1カ月が経っていたということもあるでしょう。家事、育児、仕事の3つのループで終わってしまうことが多いのです。時間が空いたり、ヒマになったりすることは日常生活の中でまずないと思うので、結局やらない、ということになってしまいます。それはよくあることです。では、そのような日常の中で、貯められる人はどうやっているのでしょう?　**「思いついたら、即やる」を心がけています。**

貯める人は一休みする前にやっている

たとえば、家計相談に来た方の場合、「次回までに、水道料金を調べておいてくださいね」と言ったら、家に帰って一息着く前に水道料金の領収証を探して、携帯電話で写真を撮り、金額をメモします。「先ほどの件ですが……」といって、画像とともにメールを送ってくれる方もいらっしゃいます。このように、流れで行動を起こし、その場で終わらせてしまうのです。貯められない人の場合は、「今日は家計相談に行って疲れたね。まずはちょっとお茶でも飲んでくつろいで、後でやればいいね……」と考えて、その日は終わり。そのうちやることを忘れて、次の家計相談の日を迎えることになるのです。「後でやろう」の「後で」はいつまで経ってもやってきません。**「やらなきゃ」と思いついたら、めんどくさくなる前に即やる。1ミリでもいいから動く。**「後でやろう」と考えるすきを自分に与えないようにしましょう。

ココがポイント！

やったほうがいいことは、イスに座る前に終わらせる

「体が資本」を意識している

「健康第一」を地で行く

お金を貯めている人を見ていると、**「体を大事にしているな」という印象を受けます。**「体が資本だ」と考え、意識しているところが強いのです。特にタバコを吸う人の割合は非常に少ないです。喫煙する習慣があるかどうかをたずねようとして、「タバ……」と言った時点で、食い気味に「吸いません！」と返答されることも多いです（笑）。

睡眠の質を大事にしている方も多いです。自分の体型に合ったマットや枕をこだわって選んでいることも。いろいろなサプリメントを摂取していたり、パーソナルトレーナーをつけていたり、時折「そこまでやる必要はあるのかな？」と思えることもありますが、**それだけ健康に意識を向けているということでしょう。**運動と睡眠と食事をバランスよく。

一見、当たり前のように思えることを普通にやっている印象が強いです。

老後の３Ｋは「金」「健康」「孤独」と言われます。**健康でいることによって、医療費や薬代、入院費などが必要なくなりますから、経済的な面からも大事な要素ではあります。**そこまで意識しているわけではないかもしれませんが、本格的な老後を迎える前から、自分の体に目を向け、準備しているともとらえられるでしょう。

歯のメンテナンスは怠らない

意外なところでは、「歯」のメンテナンスをしっかりしている人が多いです。歯科医院で定期的なメンテナンスを行っている方の割合が高いです。「持病などで、病院に定期的に通っているところはありますか？」と聞くと、「特に持病はありませんが、歯科医院には３カ月に１回行っています」とおっしゃるのです。

老後になってから、「歯の手入れをもっときちんとしておけばよかった」と悔やむ方もいると聞きます。自分の歯を使ってものを食べられることが長寿の秘訣なのかもしれません。

80歳になっても全部で32本ある自分の歯のうち、20本以上は残っている状態を保とう、という「８０２０運動」があります。日本の平均では、70歳以上の平均的な歯の数は20本以下だそうです。

自分の歯が20本以下の人は認知症を発症するリスクが高いことがわかっています。また、自分の歯が20本以上ある人にくらべて、自分の歯が19本以下で入れ歯をしていない人は転倒するリスクが２・5倍に高まるそうです（２０１８年「日本転倒予防学会誌」山本龍生氏、歯科から考える転倒防止）。それだけ歯は重要な要素なのですね。

健康食品、サプリメント――貯められる人の使い方

お金を貯められない方の中にも、健康食品やサプリメントを毎月大量に買っている人がいます。同じ行動なのにお金が貯められる人もいれば、貯められない人もいます。その違いは何でしょう？

それは、「毎月きちんと消費している」という点ではないでしょうか。貯められる人が

それらをしっかり消費している大きな理由のひとつに、「自分で『これを飲む』と決めたから」というのがあります。

一方、お金が貯まらない人の多くは、「テレビＣＭでやっているのを見て、なんとなく買ってみた」「無料お試しを申し込んだら、いつのまにか無料期間が過ぎてしまい、毎月配達されるけれどいまだに解約できていない」「友達にすすめられてなんとなく断れず、頼んではみたけれど……」など、なし崩しに注文しそのままずるずると続いているパターンが多いです。「自分で欲しくて買っている」「自分で決断した」という明確な理由がある分には問題ありませんが、「なんとなく頼んでいる」という場合には購入を再考したほうがいいかもしれません。それが余計な支出のひとつになっている可能性が高いからです。

ココがポイント！

貯めている人は、食事、睡眠、運動にも意識が高い。すべて自分で「これをやる！」と決めている

「計算」が習慣になっている

お得セット、ホントにお得？

「特売」「限定価格」「送料無料」「2個買うと1個無料」「実質無料」「特別ご奉仕」「お買い得」「本日限り」などなど、安さを売りにした言葉は街のいたるところで見かけますよね。

一見お得そうに見える商品もありますが、**よくよく調べると実はたいしてお得ではないケースはけっこうあります。**

たとえば、「○○円以上送料無料」もそのひとつです。

ネット通販の場合、届けるためには宅急便か郵便、自社配送などを利用しますから、必ず配送料はかかります。送料無料の商品だからといって、宅急便代や物流費などがゼロ円ということはありません。必ずコストはかかっているのです。ネット通販業者も配送業者も、ボランティアをしているわけではなく商売をしているわけですから、無料とうたっている送料を別のところで徴収しています。つまり、商品に送料分の金額がのっているということです。

また、「1万円以上送料無料」の場合、その金額に満たない場合には、たいして欲しくもないものを買ってでも、1万円以上にして無理やり送料無料にしようと考えがちです。こうして、結局は不要な支出をすることになってしまうのです。

「単価」で計算してみよう

貯められている人は、支払う金額について「計算」して考えるクセがついています。

たとえば、スーパーで安売りや大容量のお得サイズの調味料を見たとき、「単価だといくらになるのか?」をまず計算します。そして、100ml当たりの値段で通常の商品と比較してみるのです。すると、さほど安くないこともよくあります。

また、サブスクなど月単位での支払いの場合には、「年間で考えるとどうなるか?」を計算しています。月々で見ると安く感じるけれど、年額だとけっこうな金額になることも多いです。

次に、「その商品を本当に使うのか？」も考えます。もし、それほど量を使わないものであれば、大容量を買ったところで使い切らずに終わる可能性も高いです。それではムダですよね。であれば、大容量ではなくレギュラーサイズを買ったほうが、最終的には得ではないでしょうか。

同じように、飲み放題なども「安い！」と飛びつくのではなく、冷静に考えて本当に元を取れるだけの量を飲めるのか？　自分の飲みたいものがあるのか？　を冷静に考えます。もしかすると、好きな飲み物を都度頼んだほうが安くあがる場合もあります。それに好きなものを飲んだほうがおいしいですしね。

つまり、**目先の数字にとらわれず、計算してみることが大事だというわけです。**

ココがポイント！

目先の数字にだまされない。「単価」「年額」などに変換して考えてみよう

「売る」立場でものを考えられる

「安く見せるからくり」を見つけよう

先にお話しした「計算ができる」にも通じることですが、お金を貯められる人は「商品を提供する側」からの視点でものを考えることができます。「自分が商売をやったらどうするだろう？」と考えることができるのです。それはつまり「どうしたら儲けることができるだろう」という視点です。「安く見せるからくり」を見つけるとも言い換えられるかもしれません。

先日、家電量販店に訪れたら、ウォーターサーバーが大々的に売られ、お店のお兄さんから、「お得ですよ～！」と声をかけられました。「ウォーターサーバーの本体代は無料！毎月の水代だけで使えますよ。おまけにお湯も使いたいときにすぐ出るので便利ですよ」

と言うのです。

「必要なものは何ですか？」と聞くと「必要なのは、水だけです！」とお店のお兄さんは元気に答えました。ところが、水のタンクはひとつ980円。ふつうのご家庭だと平均で月3つほどになるそうです。ということは、月に約3000円です。我が家は7人家族なので、おそらく普通の家庭の倍くらいの量が必要でしょう。5、6個ないと足りない、ということは、水代だけで月6000円近くになる計算です。お湯がすぐに出てくるので赤ちゃんがいるご家庭ならミルクがすぐにつくれます、とか、重い水を運ぶ手間がありません、などメリットはいくらでもあります。でも、金額面で考えればネット通販でミネラルウォーターを箱買いしたほうが安そうです。

商売側の視点で考えてみると……？

商売側の視点で考えてみると、「ウォーターサーバーを無料にしても、水で儲ければいい」ということがわかります。それに、サブスクですから毎月配送することで定期的な売上を上げることができるというわけですね。

同じように、最近はエスプレッソマシンを無料で貸し出してくれるサービスがあります。カプセルを購入し、マシンにカチャ！とはめればコーヒーができる、という便利なものですが、このカプセルが意外と高かったりします。これも、商売目線で考えてみると、カプセルで元を取ることができる、ということですね。自分で豆を買って、コーヒーメーカーでコーヒーを入れるのとどちらがいいか？　を考えてみてもいいかもしれません。

無料の落とし穴

このように「無料」は意外と落とし穴です。

相手も商売をしているのですから、どこかで儲けを出さなければ商売が成り立ちません。**「無料」をうたっていても、別のなにかで必ず儲けを出しているということをしっかりと覚えておきましょう。**ウォーターサーバーの場合は水のタンク、エスプレッソマシーンの場合はコーヒーのカプセルを買うことで、無料分をカバーできるような仕組みができているはずです。

宅配ピザなどもそうです。「送料無料」だったり「○枚買うと１枚無料」「テイクアウトで半額」のようなサービスを行っていますが、もともとピザの代金に配送料や人件費などが上乗せされているのではないでしょうか。

初回無料のサプリなどにも注意が必要です。1回分だけではなかなか効果はわかりづらいですよね。「継続は力なり」ではありませんが、続けることではじめて効果が見えてくるのではないでしょうか。2回目以降の金額はいくらなのか？　年間で考えるといくらになるのか？　を計算して調べたほうがいいでしょう。

このように、「無料」や「お得」には商売する側の意図があります。**お金を貯められる人はその「からくり」をしっかりと見抜き、それを差し引いたうえで「本当にお得なのか？」「自分に必要なのか？」を考え、判断することができると言えそうです。**

ココがポイント！

「送料無料」の商品には、配送料、人件費、物流費がのっている。
「初回無料」にも注意が必要！

きっぱりと「NO」が言える

おつき合いでは買わない

貯められる人は、自分に必要なものとそうでないものをきっちり見分けられるところがあります。たとえ巷で流行っていたとしても、「それは自分には必要ない」「自分には合わない」と思ったら手を出さない。誰かにすすめられても、断ることができる人が多いです。ですから、誰かに誘われておつき合いで仕方なく買う、ということが非常に少ないです。

たとえば、生命保険もそうです。お金が貯まらない人に比較的多いのですが、親戚に保険の募集員をしている人がいて、すすめられたので断れなくて加入したとか、会社でのつき合いでどうしても断り切れなかったという人もいます。もちろん、断るのには勇気がいりますし、相手に「NO」と言うことで関係性にひびが入ることを心配する人もいるでしょう。でも、断ることで切れるようなご縁なら、その程度のものなのだ、とある程度割り切る ことも ときには 必要では ないでしょうか。

また、本当にいい保険商品を提供してくれるのであればいいのですが、そうでない商品に対してお金を払うのは自分のためになりません。

お金が貯まらない人は、たとえば「〇〇さんに頼まれたから」「△△さんが困っていたから」と、誰かに頼まれると断れなくて、たいして欲しくないものでもついつい買ってしまう人が多いです。ある方は郵便局に勤める知り合いに頼まれて、お取り寄せギフトを頼みました。けれど、ギフトを選ぶ時間がないからと、申し込まずにカタログが放置されたままだといいます。

また別のある方は、知り合いに頼まれて訪問販売向けの化粧品を定期的に頼んでいました。美容部員さんを介して注文する商品なので、通常よりもちょっと割高で、それが家計に響いていています。

頼まれると買って断れない人はある意味、心優しいのでしょう。けれど、それをあちらこちらで続けていては、自分のお財布には決して優しくありません。また、たいして欲しくない商品ですから、使われずにどこかにしまい込まれ、ムダにしてしまう可能性も高いです。いいお金の使い方とは言えませんね。

自分ファーストでいこう

相手を思う気持ちはとてもいいことですが、商品を購入する際にはいい意味で「自分本位」「自分ファースト」になりましょう。「誰かにすすめられたから」「誰かのために」よりも、「この商品は自分のためになるか？」「この商品を自分は欲しいのか？」という視点でも一度しっかり考えましょう。そして、自分が本当に必要なものでない場合には、しっかりと「ＮＯ」を言う勇気を持ちましょう。

そのことでお金は少しずつ貯まりやすくなっていくはずです。

ココがポイント！

断れなくて買ったものはたいてい押し入れの奥

食材をムダにしない

食材はしっかりと使い切る

お金を貯められる人は総じて食費を低く抑えています。

それは、「食材をムダにしないから」ということが多いように思います。家にある材料を余すことなく上手に使いながら、臨機応変につくることができるのでしょう。「料理のやりくり上手」とも言えるかもしれません。

私はたまに料理をつくることがありますが、はっきり言ってムダが多いです。というのも、料理本に書かれている食材をすべてそろえないと料理がつくれないからです。先日は料理本を見ていて、「本格的なカレーをつくろう！」と思い立ちました。さっそく、材料集めです。料理本に載っている食材を全部そろえようとしたら、家に「ローリエの葉」がありませんでした。「ローリエの葉がなかったら、料理ができない！」とばかりに、さっそく近所のスーパーまで買いに行きましたが、残念ながら売っていませんでした。半分やけになっていろいろなところを何軒も探し回り、ようやく見つけました。

おそらく料理に慣れている人だったら、「ローリエがなくても別に大丈夫」と考えるか、もしくは家にある別のもので代用するのではないでしょうか。私のように、「この食材や調味料を全部そろえなければ、料理がつくれない！」「これがなかったらダメなんだ！」と考えていると、余計な買い物をする羽目になります。また、ちょっと珍しい食材や調味料は余ってしまうことも。腐らせてしまったり、賞味期限が切れて使えなくなってしまったりするなど、ムダにしてしまうことも多いのです。

料理上手は「足し算」の発想

そもそも、料理上手の人はまず家に何があるか？　を調べることからはじめます。そして、足りないものを買い足すことを考えます。ですが、そうでない人は、家に何があるかにまったく関係なく、料理本などを見てゼロから食材をそろえてつくろうと考えます。あるものを使ってつくるのと、ゼロから全部食材をそろえるのでは、食費は全然違ってきますよね。

また、料理上手の人は、買ったものを別の料理にもアレンジしながら利用し、最後まできちんと使い切ることができます。なので、食品ロスも少ないです。たとえば、「今、冷蔵庫には卵とひき肉、キャベツがあるから〇〇をつくろう」という足し算の発想ができるのです。

このように、「AがなければBでいこう」「Aがなくても大丈夫」という調整力や臨機応変な対応が、ムダな出費を抑え、最終的にお金を貯めることにつながるのではないでしょうか。

ココがポイント！

Aがなければダメ！↓AがなければBで、Aがなくてもなんとかなる

世間や常識に合わせすぎない

大容量より使い切れるか

先ほど「お金を貯められる人は食材をムダにしない」という話をしましたが、食材の買い方にも特長があるように思います。

食材以外の日用品にも当てはまることですが、一般的に大容量のほうが1個当たりの単価は安いことが多いです。たとえば、卵なら6個入りより10個入りのほうが1個当たりの値段は安いでしょう。

でも、ひとり暮らしの人の場合、賞味期限内に10個食べきれるでしょうか。私は独身時代でも、「絶対10個入りの卵のほうが得だ！　6個入りなんてもったいない！」と常に10個入りを買っていました。

それからは、とにかく卵を消費しなければ！　と、今日はゆで卵、次の日は目玉焼き、その次の日はオムレツ……と、たいして食べたくもないのにただただ義務感で、卵がなくなるまで食べました。しばらくは卵を見たくなくなったのを覚えています（笑）。たしかに安い買い物をしたのかもしれませんが、そういう使い方って決していいとは言えませんよね。

10個入りの卵のほうが1個当たりの値段が安いのはたしかです。でも、それは10個全部を使い切った場合のこと。たとえば、10個のうち4個を余らせ捨ててしまったとしたら、6個分を10個の値段で買ったことになるので、かえって高くつきます。

「安い高い」だけで決めず、自分が本当に使い切れるか？　自分の生活に合った分量を選ぶことも、お金を賢く貯める方法のひとつだと思います。

節約＝自炊とは限らない

「常識にとらわれない」という点では、食事のとり方でもそれが言えるかもしれません。

一般的には、「節約して食費を浮かせたいなら、外食したりおそうざいを買ったりするのはもったいない。自炊するのがいい」という認識が強いかもしれません。ですが、人によってはそのやり方が合わない人もいます。

Ｍさんは夫とのふたり暮らしです。「自炊をしなければ！」「何かつくらなきゃいけない」という思いから、スーパーに行っては「あれも買っておこう。これも必要になるかもしれない。これは何かのときに使えるかも」と張り切って材料を買い込んでいました。けれど、いつも大量に買いすぎて結局使い切れず、余らせたり腐らせたりすることが多く、食費は非常にかさんでいました。

Ｍさんはそれほど料理が好きなほうではなかったのですが、「毎食、きちんとつくらなければいけない」という思いが強く、それが非常にストレスにもなっていました。

そこで、思い切って宅配のミールキットを定期的に利用することにしました。朝と昼は家にあるもので適当に済ませ、夜は宅配ミールキットを利用。これなら、材料を余らせることもありません。すでに夕食の献立は決まっているから、スーパーに行く回数も減りますし、余計なものを買う必要もなくなりました。また、夕食をつくらなければいけない、献立を決めなければいけないというプレッシャーや、忙しくて買い物にも行けない。どうしようというストレスもなくなりました。

その結果、食材のムダはほとんどなくなり、食費もかなり減ったのです。「宅配を使うほうがお金がかかる」が一般的ですが、Mさんの場合は違いました。「何をつくるかわからないから、とりあえず買っておこう」がなくなったことで、ムダな出費を抑えることができたのです。さらに、「また食材をムダにしてしまった」という罪悪感を覚えることも減ったので、Mさんは気持ち的にもとても楽になったそうです。

「食費を節約するなら自炊するのは当然」という風潮もありますが、自分に合った方法を取ることでお金を浮かせることはいくらでもできるのです。

ココがポイント！

常識にとらわれない。宅配が節約につながることも……

お金を貯められる人の「ポイント」の使い方

ポイントカードは2、3枚

今はどのお店にもメンバーズカードがありますし、ネット通販やクレジットカードなどでも、ポイント制を導入しています。「ポイント5倍デー」など特別にお得な日もあって、ポイントを貯めるためにいろいろなものを買ってしまう、という方もいらっしゃるようです。

お金を貯めている人は、貯めているポイントを2、3個に絞っているように思います。

たとえば、楽天なら楽天と決め打ちで買い物をし、楽天のランクをアップさせ、還元率を高めてポイントを効率的に貯めることをしています。それ以外のポイントは貯めないと決め、捨てている場合も多いです。必要なものと不要なものをしっかりと区別しているのです。

お金が貯まらない人は、楽天ポイント、dポイント、nanaco、Tポイントカード、それから各店舗独自のポイントカードなど、それぞれちょっとずつポイントを集めています。あれもこれも手を出して、どれもポイントが貯まらないのです。それよりも、ポイントカードがどんどん貯まり、お財布が膨らんでいったり、スマホのアプリが増えていって、どこにどのポイントカードがあるのかわからなくなることのほうが問題です。

実際、ポイントの還元率はさほど高くありません。ポイント還元率は1％以上あると高いと言われます。1000円の買い物で10円です。1万円の買い物でも100円ですから、けっこうお金を使っても思ったよりポイントは貯まりません。ですから、**ポイントを貯めるなら一極集中で。集中的に貯めること。バラバラと少しずつ貯めても出費がかさむだけです。**ポイントカードは2、3個に絞り、スマホのポイントアプリも絞り込んですっきりさせましょう。

貯めたポイントで旅行に

Oさんのように、買い物はすべて１枚のクレジットカード払いにし、ポイントは飛行機のマイレージとして貯めているという方もいます。ホテルの料金が優待されたり、飛行機に乗れたり……旅行に活用しているようです。このように自分の用途に合わせてポイントを有効利用するのはいいと思います。ですが、くれぐれも使いすぎには注意しましょう。

クレジットカードはきちんとお金の管理ができることが大前提です。それがあやうい人は即時決済のデビットカードや現金払いをおすすめします。

ココがポイント！

ポイントの還元率は１％。貯めるなら一点集中で

貯めるを「仕組み化」している

自然とお金が貯まるシステムができている

先ほど、お金を貯めている人はまったく無理せず、むしろ自然に、いい意味で適当だという話をしました。なぜそれができるのか？　を考えてみると、貯めるための「仕組み化」が上手なのです。時間の流れとともに、自然とお金が貯まっていく仕組みを自分できちんと構築しています。

以前は「先取り貯金」という方法をおすすめしてきました。企業によっては、お給料から天引きして財形貯蓄に回せる制度もありました。本来額面収入から支出を差し引いて残った分を貯金に回すのではなく、収入があったらまず貯金に必要な分を取っておき、残った金額で生活をするのです。あらかじめ貯金分を確保しておくので、わざわざ貯金分を残しておく必要がありません。だから、苦しいとかきついと感じることも少ないのです。

最近は、フェーズが変わって、「先取り積立」「先取り投信」をおすすめしています。収入があったら、まず積立投資信託に回します。引き落とし日を給料日の翌日あたりに設定しておくといいですね。ｉＤｅＣｏやＮＩＳＡを利用してもいいでしょう。

ココがポイント！

先取り貯金から先取り積立投資の時代に。無理なく貯める工夫を

貯められる人、貯められない人の違い

「人の話」が素直に聞けると自然とお金は貯まってくる

これまでまったくお金が貯められなかったけれど、家計相談を受けたらお金が貯められるようになってきた、という方は数多くいらっしゃいます。貯められるようになったのはなぜか？　と言えば、私たちのような専門家からの客観的な意見を聞いて、それを自分のものとして取り入れることができるからと言えるでしょう。第三者からアドバイスをもらったら、「そうか、そういう考え方があったのですね」「そのようなやり方をすればいいのですね」と素直に受け入れ、すぐに試してみるのです。自分の家計を客観的に、俯瞰しながら冷静に見ることができます。

先にもお話ししたように、家計相談の最初には、家計簿を見せていただき、各項目について平均と比べながら、「通常よりも多い／少ない」と分析していきます。そのときに、「そうか、〇〇の項目は少し使いすぎていたのね」と素直に認め、聞き入れられる人こそ、貯められる人なのです。

「言い訳」するたびお金は逃げる

「私はとても頑張っているんですけどね、食費がなかなか下げられないんです。ダンナがものすごく食べるし、子どもたちも最近食べる量が増えたもので……」と言う人がいます。

Rさんは「子どもが塾に行く前には必ず菓子パンを食べるので、たくさん買い置きしておかないといけなくて。食費がかかってしまうのです」と嘆いていました。でも、塾に行く前の食べ物は別に菓子パンでなければいけないわけではありませんよね。たとえば、おにぎりを家で握って持たせたら、菓子パン分のお金が浮くのではないでしょうか。一度、息子さんに「おにぎりでもいい？」と聞いてみましょう。おにぎりを握るのが手間だったら、お茶碗にごはんをよそって渡すのでもいいのではないでしょうか。

菓子パンをおにぎりに替えるように、**お金のかかるものからお金のかからないものに代**

用してみる。これができるのがお金を貯められる人です。貯められない人は、「だって、息子が菓子パンを食べたいというから……」と「言い訳」を口にしがちです。これはよく聞くことですが、「できない言い訳をする前にできる方法を考える」。お金を貯めるのもまったく同じです。

なにかお金を浮かせるもので置き換えができないか？　を考えるクセをつけてみると、自然と支出が減っていく場合も多いです。

ココがポイント！

菓子パンの代わりにおにぎりを。代わりはいくらでもある

貯めている人がやっている3つの力

貯められている人は調査力がある

お金を貯めている人には、３つの力があると私は考えています。
それは、①**調査力**　②**機動力**　③**判断力**　です。

お金を貯めている人は、毎回一つひとつ着実に行動を起こし、歩を進めています。たとえば、わからないことがあったらまず自分なりに調べてみるというのもそのひとつです。積立投信のはじめ方がわからないという場合には、まず商品についてネットや本などで調べてみます。少しずつわかってくるようになると、「だからあの人はあのように言っていたのか」と気づくこともありますし、「じゃあ、このような場合にはどうすればいいのだろう」とそこから一歩進んで別のことを学べる可能性も出てきます。

何をどう調べていいのか？　がわからなかったり、自分で調べたけれど答えが見つからなかったりした場合は、「わかりません」と言って誰かわかる人に聞いてみます。専門家に聞いてみるのもいいでしょう。私たちに聞いていただいたら喜んでお話しします。一番悲しいのは、家計相談に来られて、理解して帰ったと思ったら、後日、実はわかっていなかったことが判明したときです。私たちを踏み台にするつもりでどんどん聞いて、どんどん詳しくなっていただきたい、といつも思っています。

お金が貯められる人は、自分で知識を増やし、納得を積み重ねていくから、ますますお金を貯めることの意義やモチベーションもアップします。同時に少しずつ自分の中でもレベルアップしていくことができるのです。

いずれにしても、わからないことをわからないままにはしません。

自分から動くか、受身で待つか？

わからないことをまず調べたら、次に自分で行動を起こします。一方、お金が貯められない人は、聞いたり調べたりするだけで満足し、そのままで終わってしまったり、誰かが働きかけてくれるまで待つ「受け身」の姿勢でいることが多いです。

あるとき、Aご夫妻とBご夫妻、２組のご夫婦がそれぞれ家計相談にいらっしゃいました。お二方にはそれぞれ現在加入している保険商品を見直したうえで、「これをやめてもいいかもしれませんね」「減額という方法もあります」「こういう商品だから切り替えたほうがいいかもしれません」とお伝えしました。

そのうえで、「次回までに、今の保険商品を検討してみましょう」とお伝えしました。

１週間後、A夫妻からメールがきました。「この前お話があった保険の件、夫婦で話し合いました。○生命の商品は減額、△生命の商品は切り替えようと思います。次回、切り替える商品について相談させてください」という報告の内容でした。

一方、B夫婦からは特に連絡はありませんでした。次の相談時に「保険商品についての検討はどうされました？」と聞いたところ、「保険商品について考えてみたのですが、よくわからなくて、何もできませんでした」という返事でした。

では、質問です。A夫妻とB夫妻、お金が貯まるのはどちらでしょう?

正解はA夫妻ですね。なぜなら、次の家計相談までに自分でアクションを起こしているからです。すごろくで言えば、「保険商品を見直した」とコマをひとつ進めた状態です。次の家計相談のとき、A夫妻は○生命の商品の減額の仕方、△生命の商品の解約の方法と、別の保険の相談をすることができます。一方、B夫妻は「今の保険商品をどうしますか?」というところから再度はじまります。わからないことにぶち当たるとそこでストップし、誰かが聞いてくれるまで待っているなど、受身の姿勢でいることが多いのです。

このように、「考えましょう」と言われたとき、自発的に行動を起こせるか、それとも考えただけで動かずに終わるか? によってその先の結果は大きく変わっていきます。進行にも差がつきますよね。

差がつくのは行動を起こした2割の人

家計相談にいらっしゃる方には、「投資をすると、貯蓄の期間がグンと短縮されますよ」

という説明をします。積立投信とそれを行った場合の資産の増加についての話です。ですが、その話を聞いて実際に積立投信をはじめる方は全体の2割程度です。「やり方がわからない」「口座開設の仕方がわからない」「何を使えばいいのかわからない」「どの商品を買えばいいのかわからない」などで止まってしまっているのです。

また、２０２１年のデータによれば、**日本全国でＮＩＳＡの口座を開設をした人は全国で１０００万件にのぼりますが、実際に運用している人はその半分だといいます。**つまり動いていない人が半数だというわけですね。これも、機動力の差と言えるのではないでしょうか。ここで行動を起こした2割の方は他から一歩抜きん出ることができると言えそうです。

とりあえずやったら、自分で判断する

誰かから方法を聞いたら、とりあえずやってみる。けれど、それで終わらずに、そこからもう一歩進んで考えてみます。実際にやってみて「自分はどう思うか」「自分には合っているか？」を自分で判断するのです。というのも、誰かに言われたことを鵜呑みにしすぎ

てダメになるパターンもあるからです。

たとえば、「クレジットカードよりも現金やデビットカードなど即時決済できるものを利用したほうがいいですよ」と言われたとします。デビットカードについてまず調べてみたら、実際にデビットカードを試してみます。そして、もし「自分の肌には合わない」と判断したら、クレジットカードに戻り、それを使い続けてもいいと思います。私たちはデビットカードをおすすめすることがありますが、実際に試してみて「やっぱりクレジットカードのほうが使い勝手がいいです」と、クレジットカードを使いながらきちんと家計管理をしている方もいらっしゃいます。

家計簿もそうです。最初は手書きではじめたけれど、「これでは続けられる気がしない。自分には合わない」と、アプリやエクセル入力に切り替えた方もいます。

いずれの場合も、まず自分で試してみることが重要です。自分の目で見て、実際に経験し確認し、そのうえで続けるかどうかを判断しているのです。「これなら続けられそうだな」と思ったら継続すればいいし、「これはちょっと自分には合わないな」と思ったら別の方法を考えればいいのです。

調べて、試して、判断する力。貯めている人はこれをやっています。

ココがポイント！

わからなかったら調べる……調査力
とりあえず試してみる……機動力
自分に合うか考える……判断力

お金の流れがとてもシンプル

お金の出し入れは簡単に

お金を貯められる人は、お金の管理をとてもシンプルに考えています。整っているとも言えるかもしれません。

第3章で詳しくお話ししますが、基本的に銀行口座は「使う」お金分、「貯める」お金分、「増やす」お金分の最多でも3つで十分です。給料が入金されるのが、毎日の生活に必要なお金を貯めておく「使う」お金分の銀行。夫名義の口座であるご家庭も多いです。妻の給料も一緒に入金しておく場合もあります。まずはそこにいくら貯めておくか？を決めておきます。たとえば、手取りの1・5倍を貯める、もしくは「300万円貯めておく」と決めた場合、その金額を超えた時点で、「貯める」お金分や「増やす」お金分に移動させます。水道やガス、電気などの光熱費や通信費などの引き落としは、基本的に「使う」お金用の銀行に紐づけます。

半年毎にお金を大移動――5つの銀行を使うTさんの場合

お金に苦手意識を持っている人は、お金の流れを知らず知らずのうちに複雑にしている場合があります。

先日相談に来たTさん。新入社員のときに設定したA銀行の給与口座のほか、自分がよく使うキャッシュレス決済のポイントがよく貯まるB銀行。家賃引き落とし用には以前引っ越した際に設定したC銀行。つみたてNISAをやっているD銀行。出張精算用のE銀行の口座を持っています。

支払いなどでメインに使用しているのはB銀行。A銀行はほとんど使っていないので、口座にいくらあるかわかっていません。ですが、お給料は貯まっているので半年に1回ほどA銀行からB銀行とC銀行にお金を移動させています。

また、出張精算用の費用とつみたてNISAの金額がほぼ同額程度なので、ある程度の金額が貯まったら、E銀行からD銀行にお金を移し替えています。

なんだかとても複雑ですよね。Tさんはこの数年間、月の生活費がいくらなのか？　を把握したり、収入との差額を調べたりすることがありませんでした。ただ、給料は使い切っていないしA銀行のお金は増えているから、たぶんお金は貯まっているだろうくらいに考えていたそうです。

支払い先や振込先の金融機関が指定されている場合もありますが、もしそうでないのであれば、Tさんの場合は、給与口座をあまり使用していないA銀行からB銀行に変更するだけでも、かなりお金の流れがわかりやすくなるように思います。

「この銀行と証券会社を連携させるとポイントが○倍つきます」とか「振込手数料がタダになる」など、普通より条件がよくなることもあるので、ついいろいろな金融機関に申し込みをしがちです。ですが、それをやるうちにどんどんお金の流れは複雑になっていくし、お金の管理がしにくくなります。

一度、自分が口座を持っている銀行はどこなのか？　を書き出してみましょう。

給与口座、クレジットカードやネット通販などの引き落とし口座、投資用口座などを図にしてみるといいでしょう。

もし複雑になっているようであれば、シンプルな流れに整えてみましょう。

ココがポイント！

給与口座、引き落とし口座、投資用口座など、お金の流れを図式化してみよう

なんといってもお金が好き！

好きだからお金を大事にする

お金を貯められる人はやっぱりお金が好きです。「お金がお金を生むものだ」ということを知っているから、お金を大事にするのです。

私もお金が大好きです。大きな声で公言できます（笑）。

お金を貯められない人の多くは、お金のことを考えるのが嫌いだったり、苦手意識を持っていたりします。

また、お金のことを口にするのはいやらしいとかガツガツしているなど、マイナスのイメージを持っている場合もあるでしょう。「金、金と言わなくても最低限生きていければいい」と言う人もいます。でも、現実的に考えて、お金がないと好きなように生きてはいけません。

お金があると自由や選択肢は広がるので、やはりお金はあったほうがいいものだと思うのです。

お金が好きな人はお金を大切にするし、お金の使い方もきちんと考えます。お気に入りのバッグを買ったら、手入れもしっかりするし、お気に入りの場所に毎回きちんと置くのではないでしょうか。少なくとも床に放り投げたりしないですよね。お金もそれと同じです。お金が好きだったら扱いも丁寧になりますし、むやみに手放さないですよね。使い方も吟味するはずです。

お金が貯まらない人は、お金を「もの」としか見ていないところがあります。目の前に札束がドン！と置かれていたらうれしいけれど、そのお金が減ったり増えたりするやりとりがめんどくさいと考えるのかもしれません。

でも、お金のことが好きだったら、それも克服できるのではないかな、とお金が好きな私は思うのです。

まずはお金という存在を好きになりましょう。

すると、家計簿や収支の記録や通帳の管理など、お金まわりに関する管理も少し楽になるような気がします。

ココがポイント！

お金にもっと興味を持ち、お金のお世話をしてみよう

衝動買いはほとんどしない

引き落としスケジュールを把握している

お金を貯められる人は、けっこう計画的なところがあります。１カ月のうち、クレジットカードや子どもの塾、お稽古代の引き落としの時期なども把握しています。また、「今月は美容院に行くからいつもより支出が多いな」とか「水道代の引き落としの月だから、いつもより支出が多いはず」「ＮＨＫの受信料は２カ月に１回だから、来月だな」「６月には固定資産税の払い込みだな」など、少し先のスケジュールまでおおまかに頭に入っています。だから、「それに備えて、前の月は少し黒字の額を多くするよう気をつけよう」「来月のために、今月は支出を抑えるよう注意しよう」と対策を取ることができるのです。**ある程度、頭の中で支出の計画が立てられているので、衝動買いや行き当たりばったりの買い物はあまりしません。**

逆にお金を貯められない人は、毎月かかる支出がわかっていないことが非常に多いです。家計簿を細かくつけている方でも、水道代はいくらくらいか？　ガス代、電気代は？　子どもの塾代はいくらくらい、携帯料金は？　などをまったく把握していないのです。どうやら、毎月家計簿をつけたら、記憶はリセットされるようです。翌月は心機一転。ゼロからのスタートです。

たとえば、普段の教育費は5万円なのに今月は5万5000円だったという場合、その理由をたずねると、「え？　5000円高かったですか？　なんでだろう？」と答えられない人もけっこういます。イレギュラーな支出にも気づかないくらい、無意識にお金を払っているという状態です。

お金を貯めている人と貯められない人、両者の違いを考えてみると、それは「振り返り」をしているか？　していないか？　の違いのように思います。お金を貯められる人は、毎月家計簿をつけたら家計の締め日にそれを見直して、「今月はちょっと支出が多かったね。固定資産税があったからね」などと振り返っています。それとともに、「来月は〇〇の引き落としがあるのと、イベントがあるから支出が増えるかもしれない。だから、ほかのところで少し抑えるようにしよう」と見通しを立てる習慣ができているのです。

家計簿はつけるだけではたいした効果はなくて、それを振り返ることでこそ効果を発揮します。自分が「何に、いくら使っているか?」を知るためのツールです。

カードの内訳は見ていますか?

クレジットカードを普段からよく利用している人は、何にいくら使ったのか? を把握しづらいところがあります。総額だけ見て終わり、という方も多いかもしれませんが、必ず「内訳」を確認したほうがいいでしょう。というのも、最近は、カードの不正利用による被害もけっこうあるからです。

私の会社のスタッフは３５００円ほどの不正な引き落としを発見しました。音楽配信のダウンロードを７００円×５回、連続して引き落とされていたのです。普段ほとんど使わないカードだったのですが、明細を見て「なんでこんな端数が出ているのだろう?」と不審に思って調べたら、自分以外の人に利用されていたことがわかりました。決済前にそれが判明したので、引き落とされることはありませんでした。

また、私の子どもはデビットカードで1万5000円を5回にわたって引き落とされた形跡を見つけました。幸い、2日前にお金を動かしていたため残高が少なく、全額引き落とされることはありませんでした。また、カード会社に伝えたら返金してくれましたが、それでも時間がかかりました。

これらは、ただ全体の金額を見ただけではあまりわかりません。また、Amazonなどは何を買ったかが明記されていませんから、自分できちんと把握しておくことが大事です。自分が買ったという認識と、使った金額を照らし合わせて合っていれば大丈夫です。

ココがポイント！

光熱費、通信費、クレジットカード……毎月の支出や引き落とし日はわかっていますか？

本当にやりたいこと、3つ挙げるなら?

では、ここで質問です。

あなたがお金をかけて本当にやりたいことはありますか?

3つ挙げてみましょう。

何を実現させたいですか?　何をやりたいですか?

「旅行に行きたい」でもいいですし、「子どもの教育にお金をかけたい」でもいいでしょう。

「老後の資金を貯めておきたい」もありです。

このように、自分が「お金をかけてもいい」と思っているものが決まっていて、口にすることができる人はお金が貯まりやすい傾向にあります。

「1000万円貯めたい!」と宣言してみる

そのほか、たとえば**「私は1000万円貯めたい！」など、目標金額を口にしてみるのも効果的です。**それによって具体的なプランを立てていくことができ、一気に現実に近づくことができるからです。

50代のRさんご夫妻は3回目の家計相談のとき、ポロっと「60歳までには1000万円貯めたいんですよね」と口にしました。聞けば、1000万円という金額に根拠はないけれど、漠然とそのくらい貯められたらいいなという思いがあるというのです。けれど、これまでは恥ずかしくてそれを口にすることができなかったといいます。

「じゃあ、貯めましょうよ！　1000万円」

とお伝えして、そこから具体的なプランを立てることにしました。

60歳から現在の年齢を逆算しながら、今どれだけの資産があるか？　年間いくら貯めればいいか？　を試算。今からできることを考えていったら、「なんだかできそうかも」という気持ちになったようです。一気に態度が真剣になり、お金を貯めるモードになりました。そして、毎月貯蓄が加速度的に増えていったのです。

具体的なプランを立てると一気に現実が見えてくる

実は、Ｒさんご夫妻はそれまであまり熱心に貯蓄を考えていませんでした。月の支出もよくわかっていませんでしたし、毎月のお給料は毎回余すことなく使い切っていました。ボーナスもいくら使っているか把握していなくて、「気づいたらなくなっていた」という状態だったのです。Ｒさん自身も「どうせ１０００万円なんて貯められっこない」と思っていたようでした。

ですが、具体的なゴールが見えたら「１０００万円も夢ではないんだ。やれば本当に貯められるのだ」と思え、身が入ってきたのです。２カ月続けて、「この調子でいけば年間１００万円の貯金、いけるかもしれない」という状況になりました。Ｒさんは少し自信がついたのか、モチベーションがアップ。さらに真剣に取り組むようになりました。半年経った今では、年間１５０万円いけるかも？　と目標の上方修正ができるかどうか？　を見ているところです。

実際、「こんな値段を目標に掲げたら、恥ずかしいかも」「ちょっと金額が高すぎるかもしれない」と考え、口にできないという人も多いかもしれません。特に、お金の専門家に「1000万円貯めたいです」と言ったら、「そんなのムリですよね」「本当にそんなに貯められると思っているんですか?」「もっと頑張らないと」くらいの厳しい言葉が返ってくると思っているのかもしれません。でも、私たちは決してそんなことを言いませんし(笑)、具体的な目標金額を教えてくれたほうが具体的な策を立てやすいのです。そして、ご本人も漠然と「お金を貯めたい」よりも具体的な目標があるほうが行動を起こしやすいでしょう。

ココがポイント!

あなたはいくら貯めたいですか? 口に出して言ってみましょう

実は、けっこう適当なところがある

完璧でも3日で挫折より6割を1年継続

お金を貯める人は、意外と適当なところがあります。いい意味で肩の力が抜けていて、構えすぎていないのです。一方、お金を貯められない人は、「お金を貯めなきゃ」「節約しなきゃ」「きちんとしなきゃ」と身構えてしまうところがあるようです。何でも完璧にこなさなければと考えるのです。

いきなり１００％できる人はいません。私もお金の専門家ではありますが、今でも余計な買い物をすることももちろんあります。節約のことばかり考えていたら疲れてしまいますし、楽しくないですよね。

「とりあえずやってみよう」「試しにやってみよう」という軽い気持ちではじめることを優先します。何事もやってみなければはじまらないからです。

完璧にやろう！と頑張りすぎて、3日で挫折するよりも、6割、7割程度を目指しながら3カ月、半年、1年……と続けていくほうがずっといいのです。そのためにも、いい意味で適当なほうがいいのです。

「できない」もはっきり言える

家計簿についても同じことが言えます。「ここまで細かく書いていたら、たぶん私はパンクしてしまうので、もっと緩くてもいいですか？」とか「私は手書きよりもパソコンを利用したほうが取り組みやすいので、家計簿はアプリを利用してもいいですか？」とはっきり言うことができます。

一方、貯められない人は「とりあえずやってみます！」と言うのですが、しばらくすると「やっぱりできませんでした……」とやってくるパターンが多いです。はじめは威勢よかったにもかかわらず、結局できずに終わってしまうのです。

一時的な大きな支払いにも動じない

　また、お金を貯められる人はイレギュラーな出来事にも強い気がします。たとえば、突然の大きめな支出があっても動じないというのもそのひとつです。「今月はいつもより5万円も支出が多かった」というとき、お金を貯められない人は「どうしよう、散財をしてしまった」と動揺しがちです。ですが、お金を貯められる人は、物事を俯瞰して見ているところがあるので、「ああ、5万円は先週京都に行った分だ」と冷静に分析し、受け止めることができます。

　別にお金を使うことが悪いわけではありません。「理由のある使い方」ならまったく問題ないのです。一時的に赤字になることもときとしてあります。そのようなときに、「今月は支出が多かったからダメだ～！」と落ち込んだり、自分を責めたりする必要はまったくありません。「○○に使ったからだな」と事実を把握すればいいだけの話です。

　たとえば、携帯の本体を買う場合、一括で10万円前後払うよりも月々３０００円程度の24カ月の分割払いにしたほうが家計の支出に響かないと考えるかもしれません。ですが、ランニングコストを2年も3年もかけ続けることが果たしていいことなのでしょうか。一括で支払い、その月の支出は増えるかもしれませんが、以降の本体にかかる支払いをゼロにしておいたほうが健全だという考え方もできます。

同じように、**一時的な出費にはなるかもしれませんが、ちょっと高くてもいいもの、長持ちするもの、丈夫なもの、つまり長く使えるものを購入したほうが、長い目で見ていいように思います。**

繰り返しになりますが、目先の一時的な大きな出費を失敗だ！　損だ！　と感じる必要はまったくありません。お金を貯められる人は一時的な出費をとってみても、ずるずると払い延ばすことはしません。なるべく一括払いで分割はしない。ましてや、リボ払いは絶対にしません。

ココがポイント！

お金の支出に振り回されない。完璧を目指すより継続を目指そう

第2章

お金を貯められない人の共通点

「安い」や無料につられやすい

大セールのワナ

この章では、お金を貯められない人の共通点をご紹介したいと思います。

ＰａｙＰａｙや楽天、Ａｍａｚｏｎ、Ｙａｈｏｏ！などでは、「〇〇祭り」「プライムセール」「〇〇マラソン」等、定期的にセールが開催されていますね。特にここのところの物価高で、ネットでのセールが安い！　と評判を聞き、ネット通販をはじめる人も多いです。ですが、ここにも意外な落とし穴があるので、注意しましょう。

ついつい、「セール＝安い」と考えがちです。ですが、注意して見てみると、セール前日の定価とセール当日の定価が異なる場合があります。セール前日まで定価１０００円で販売されていたものが、セール当日には定価１２００円になり、それが「セール」で

1000円になっているという場合もあるのです。「セールで安い買い物をした」と思ったら、実はいつもと変わらない値段だったということも。一見お得なようで、全然お得ではない買い物です。

もちろん、確実に使うものならばそれでもいいでしょう。でも、「セールで安いから買っておこう」と、別になくてもいいものを買ったとしたら、それはムダ遣いになるかもしれません。

円や株の相場と一緒で、安くなったかどうか？　はそもそもの値段がわからなければ判断できません。いつも買っている値段と比較して安く買えたらお得だし、高く買ったら損。その仕組みはとてもシンプルです。見た目に振り回されて、「安い！」と飛びつくと支出につながるだけです。すべてのセールが通常より安いわけでは必ずしもありません。冷静に価格を比較することを忘れずに。

お客様感謝デー――金額にするといくらお得？

スーパーで「お客様感謝デー」「全品5％オフ！」「10％割引デー」と書いてあると、なんだかとても得した気分になりますね。実際、5%オフの日は売り上げがすごく上がるという話も聞いたことがあります。

Wさんも全品10%割引の日を活用しているうちのひとりです。レシートを見てみると、たしかにすべての商品が10%割引にはなっています。ですが、合計金額は決して安くありません。話を聞いてみると「10%割引になるから」といって、普段は買わないワンランク上の日用品を購入していたのでした。ティッシュペーパーも肌ざわりのいい高級仕様のものにグレードアップ。柔軟剤や食器用洗剤も「せっかくだから」と海外のブランドものを選んでいたのです。普段は200円のティッシュペーパーを使っているのに、「安いから」と300円の商品を買ったらどうなるでしょう? 通常より70円も支出が増えることになります。

また、本当なら1個だけ買うところを、同じく「安いから」という理由で3個買う場合もあるでしょう。200円×1個=200円で済むところを、540円の支出になります。340円支出が増えた計算です。

このように、「割引セール」を見るとついうれしくなって、いつもよりいいものやさほど欲しいわけではないものも買いがちです。「値段」「安い」にばかり目がいき、「本当に必要か？」という価値を忘れてしまうのです。

また、先にも少しお話ししましたが、定価の10%引きよりも特売のほうが安い場合も往々にしてあります。定価２００円の10%引き＝１８０円より、特売で１７８円のほうがお得ですよね。「全品○%割引」「○%還元」などのキャッチコピーに惑わされないためには、先ほども少しお話ししましたが、「単価」をチェックすることが大事です。

同じように、ネットのショッピングモールなどで行われているのが「○○マラソン」などのように、いわゆるスタンプラリーのようなイベントです。「3店舗でお買い物をするとポイント5倍」「5店舗でお買い物をするとポイント10倍」などの条件があります。「もう1軒回ったらポイントがアップする！」とついつい回ってしまうこともあるでしょう。ですが、ネットショッピングの怖いところは、お金を使っている感覚があまりない点です。目の前で貯金の残高が減っていくわけではないので、買ったという意識が薄くなりがちです。後日になって「こんなに買い物していたのか！」とその総額に驚くのです。「安く買い物ができた！」と喜ぶより前に、支払い総額がいくらになるか？　を気にしてほしいのです。

コストコ、業務スーパーはエンタメ

コストコや業務スーパーなどで売っている大容量やファミリーパックは、いっぱい入っているから絶対お得と信じ切っている人は、知らず知らずのうちにお金を使っている気がします。先の話にも似ていますが、大容量を買って食べきれずに結局捨てるはめになった、という場合もあるでしょう。

また、単価を見るとそれほど安くはないという場合もけっこうあります。肉も1kg、2kg単位だと迫力がありますね。ですが、グラム当たりに換算すると「激安!」というほどではない場合がほとんどです。「ブランド肉にしては安い」「値段の割に味がいい」というように、安さを追求する店というよりは「ものがいいから」「おいしいから」という理由のほうが大きいような気がします。

コストコの楽しみのひとつは、値段の追求というよりは、いろいろなものが売っていて楽しいという側面が大きいように思います。そういう意味で、私は「コストコはエンタメ」だと思っています。ですが、なんとなく「コストコ＝安い」というマジックにかかってしまいやすいのも事実です。

コストコに比べると割安な感じが強いのが業務スーパーですが、ここにも注意が必要です。Mさんは食べ盛りの子どもが多いので、食費を浮かせるために業務スーパーに買いに行きました。ところが、子どもの口には合わなかったのか一切食べず、結局いつものスーパーで食材を買い直すことになったといいます。いくら安く買ったところで、食べずに残ってしまっては意味がありませんよね。

安売り店の商品――すべて安いわけではない

そのほか、ドン・キホーテやＯＫストアなど、安売り店はたくさんあると思います。どこよりも安く売っているものもたくさんあるでしょう。けれど、すべての品が安いというわけでは必ずしもありません。なかにはそれほど安くないものも混ざっています。つい、

「ディスカウントストアに売っている商品はすべて安い！」と錯覚してしまいがちですが、買いたい品を普段買っている値段と冷静に比較するシビアな目を持つことも必要です。

「ディスカウントストアは安いものしか売っていない」という思い込みが目を曇らせてしまうことは多いです。どこで買う場合にも、相場との比較を忘れないようにしましょう。

ココがポイント！

「値段」より「価値」を重視する
常に「相場」との比較を忘れずに

人づき合いがよすぎる

お年玉の総額が15万円に！

お金を貯められない人に多いのが、「人づき合いがよすぎる」ことです。交際費という名の「おつき合いに使う費用」がかさんでしまうのです。

特に地方の、いわゆる田舎のほうがその傾向が強いです。町ぐるみで家族のようなつき合いをしているのです。家には入れ代わり立ち代わり人が顔を出すから、お菓子も切らさずに用意しておく。お正月のお年玉やお祝い事があった際のご祝儀、誰かが亡くなった際のお香典など、慶弔費が高いのも特徴です。

ちなみに、２０２２年総務省統計局の「家計調査（家計収支編）」によると、お年玉の支出額が一番多いのは三重県（１７５８８円）で、2位が群馬県、3位沖縄県となっています。

都道府県「1世帯当たりのお年玉支出額」1〜10位

順位	都道府県	お年玉支出額（円）
1	三重県	17,588
2	群馬県	15,194
3	沖縄県	13,814
4	福井県	13,753
5	岩手県	13,392
6	奈良県	13,153
7	富山県	12,934
8	福岡県	12,931
9	福島県	12,643
10	香川県	12,486

出所：総務省統計局家計家支(2022年)
※勤労世帯1月の「贈与金」

逆に一番支出額が少ないのは北海道で３６４８円。三重県との差は実に5倍近いですね。

先日相談を受けた地方在住のKさん。１月の家計の支出が15万円も激増していました。内訳を見ると、すべてお年玉代でした。ひとり当たりにあげるお年玉の金額は３０００円程度ですが、件数が多いのでしょう。

また、青森県に住むLさんは、毎月必ずお香典代が発生するといいます。聞けば、会社の方の親族が亡くなったら、必ずお香典を払う習わしがあるのだそうです。別の部署のおじいさんが亡くなった場合、ご本人はもちろん、会社の同僚の顔も名前も知らない場合でも、半分自動的にお香典が発生するそうです。

また、ご近所の方が先生をしている教室に習いに行かざるを得ない、という場合もあるようです。このように「おつき合い」による支出は、地域の文化や慣習のようなものなので、ある程度仕方がないのかもしれません。持ちつ持たれつの関係があるのかもしれないからです。けれど、それをしないと生活に支障が出るという費用ではないので、すべて支払うのではなく、断れるものは断るなど、少しずつ調整していく姿勢も、自分自身の老後の生活のことを考えると必要なことかもしれません。

いずれの場合も、毎月定期的に発生することがわかっているので、あらかじめ予算を取っておくことは大事です。たとえば、先のお年玉が激増するＬさんの場合なら、１月の支出が増えることはすでにわかっているので、12月から予算を取っておき、合わせて２、３月で黒字の金額を増やすことで調整していけばいいでしょう。

ココがポイント！

お葬式、お年玉……あらかじめ想定される交際費は予算を取っておく

「少額だから大丈夫」が命取りに

チリも積もって大きな出費に!?

お金を貯められない人は、どこか「100円くらい、いっか」という気持ちを持ち合わせているように思います。

Uさんは月の食費が6万4000円になりました。内訳を見ていると、ほぼ毎日外食費があるのです。おそらく単価を抑えるように意識をしているのでしょう。単価自体は低いです。平日は子どもの習い事を待っている間の1時間半から2時間、カフェでお茶しています。このカフェ代が1回500円程度。週末には家族でランチに2000円くらいです。それでも毎日のように利用していると、チリも積もれば山となるで、意外と金額がいきます。

カフェ代：500円×7日×4週＝14000円
ランチ代：2000円×2日×4週＝16000円
合計で3万円。

家での食費3万4000円にこの3万円が上乗せされると、6万4000円になるのです。Uさんは、「そんなにたいしたもの食べていないのに。なぜ?」と驚くばかり。一つひとつはそれほど高くないため、お金を使っているという意識も薄いのです。

「このカフェ代をなくすか減らすことはできませんか?」とたずねたのですが、Uさんとしては「こんなに頑張って節約を意識しても6万4000円にしかならないのだから、仕方がなくない?」という気持ちになっているようです。けれど、このちょこちょこお金を使うことをやめるだけでもお金はずいぶん変わるのにな、と思うのです。

たとえば、カフェに行く日を週1回にして、ほかの日は家の水筒にコーヒーを入れて持ち歩くなどした場合、カフェ代　500円×4週＝2000円に抑えられます。月12000円の節約です。また、ランチを週1回にすれば、2000円×4週＝8000円に。月3万円を1万円に下げることは可能です。月2万円の節約、年間24万円です。

使っていないつもりの「チリ積支出」が実は意外と大きな額になっていることは多いです。朝、スタバで買うコーヒー、食後の1杯や午後友達と行くお茶タイムなど、なにげなくお金を使っていることはありませんか？　今一度、自分の生活を見直してみましょう。それを減らすだけでも、お金は貯まるようになってきます。

ココがポイント！

朝やランチ後のカフェブレイク、週何回行きますか？

サブスク（定期購入）でかえって損をしている？

使えばお得。でも使わなければ……？

最近は本当に便利な世の中になったな、とつくづく思います。そのひとつがサブスクリプション（通称サブスク）です。サブスクは、毎月、一定の金額を払うと、定期的に品物が送られてきたり、１カ月に好きなだけ買ったり使ったりできる継続講読ができるサービスです。ドラマや映画、音楽配信や英会話や学習などの情報から、マンガや雑誌、化粧品、サプリメント、食品、洋服、コスメ、ネイル、ゲーム、お花、車やホテルまで、サービス内容は実に多岐にわたります。都度頼まなくても一定の金額でいつでも使いたいときに使えるところも魅力的にうつるかもしれません。たしかに、いつでも何回使っても同じ金額ですから、頻繁に使う方にとってはお得かもしれません。

たとえば、１回１０００円のヨガレッスンがサブスクで何度通っても月３０００円だとします。1カ月に6回行く人は1回あたり500円になりますから割安ですね。でも、気をつけるべきは、一度も行かなくても3000円支払う必要があるというリスクもあるという点です。だんだん行かなくなる場合もあります。1回1000円のヨガレッスンが、サブスクを申し込んでいることによって、1回3000円になることもあります。さらには、行かなくなったのに、自動引き落としで払い続けていることに気づいていないケースも。結果として提供者が儲かることになります。スポーツジムなどでもよくあるケースです。

Jさんはコンタクトレンズのサブスクに加入していました。数カ月に一度、自分に合った視力の使い捨てコンタクトレンズが自動的に送られてくる仕組みです。一見するとそのほうが安いイメージがありました。ところが、あるときほかのネット通販と比較して計算をしてみたら、実は単品で都度購入するほうがずっと安いことがわかったのです。

Kさんはサプリメントのサブスクをしていましたが、飲み終わっていないのに次のサプリが届くので、次第に在庫がたまってしまっていました。賞味期限の長いものであればいいですが、賞味期限が切れてしまってはムダにしかなりませんね。

年間ではブランドものが買える値段に……！

月３５００円くらいで、コーディネーターが選んだ洋服のレンタルができる、というサービスもあります。「普段、自分が選ばないようなコーディネートができる」「自分で『今日のコーディネートは？』と、服を選ぶ必要がないから服選びに時間もかからなくて楽」「この値段では買えない服が着られる」などの利点もあるからです。

ですが、年間で計算するとどうでしょう？　毎月３５００円を支払っていたら、約４万円です。これだけの金額があれば、お気に入りの服が買えるのではないでしょうか。

Ｋさんは洋服のサブスクをしていました。ところが、結局自分が選ぶ服はどれも似たようなものばかり。いつ会っても同じようなファッションでした。本人はプロに選んでもらっていることに満足しているようでしたが、私は心の中で「いつも同じような服装なら、プロに選んでもらう必要はないのではないかな」とひそかに思っていました。それに、月2万円以上支払っていましたから、なかなかの出費です。

このサービスはレンタルですから、いくら支払ったところで自分のものにはなりません。月2万円、1年間で24万円です。であれば、その分で自分の好きな服を思う存分選ぶことも可能です。ハイブランドの服にも手が届きますね。

初回限定にも注意が必要

また、サブスクの中には、「最初の1カ月は無料」とか「初回限定〇〇円」とうたっているものもあります。企業側からすると、お得に感じてもらい長く続けてほしいという意図がありますから、いろいろな方法で引きつけてきます。

たしかに、初回限定の値段だけで見ると安いかもしれません。ですが、それに飛びついて解約し忘れると、次の月から高い金額が引き落とされていたというケースも非常に多いです。あるサプリメントは初回限定では1980円でしたが、2カ月目からは3980円でした。申し込みはネットで簡単にできますが、解約は電話のみとして、解約しにくくしている場合もあります。「明日電話しよう」と思っているうちに、次の発送日になり、お金は引き落とされ……ということはよくあります。

このように、サブスクには落とし穴がいっぱいあります。自分が本当に使うものなのか？　欲しいものなのか？　継続的に支払うのがいいのか？　などを冷静に考えることが大切です。

ココがポイント！

便利にはお金がかかる。本当に必要なものだけを選ぶこと

お金がない！のループから抜け出す方法

リボ払いは金利手数料15％

お金がないと、たとえば突然洗濯機が壊れた、病気が発症して入院、手術が必要になったなどで少し大きな予想外の出費が必要になったときに出すことができません。結局、クレジットカードの分割払いやリボ払いを使わざるを得なくなることも。

リボ払いは毎月一定額だけ支払うから負担が軽くて済むように思えるかもしれませんが大間違いです。リボ払いは残金に対して、平均15％程度の金利手数料がかかってきます。返済が長期化すればするほど、手数料を多く支払うことになります。

たとえば、20万円のバッグを購入し、月1万円ずつ支払った場合、金利手数料は20万円×０・15÷３６５日×30＝約２４６６円です。つまり、１万円を返済しても、そのうち、２４６円は金利手数料に取られ、実際には７５３４円しか返済していないということになるのです。また、リボ払いの恐ろしいところは、月々の支払い額を低く設定できることから、ほかの買い物もできてしまい、ついつい買いすぎてしまうことです。

分割払いにも注意が必要です。たとえば、スマートフォン（スマホ）を月数千円の分割払いで購入することができます。金利手数料０という場合もありますが、よく選ばないと金利がかかってくるものもあります。このように、「見た目」の数字につられて買ってしまうと、失敗する可能性が高くなります。１回くらいなら大丈夫、と思っていると、それがクセになります。それが何回、何十回と積み重なっていくうちに、次第に家計に影響を与えるようになるのです。じわじわと影響が来るのが、分割払いやリボ払いのおそろしいところです。

リボ、分割払いのループから抜け出すには？

リボ払いや分割払いのループに入ってしまうと、そこからなかなか抜け出せません。私はそのような人たちを数多く見てきました。お金を貯めたいと思っても、毎月の支出が多くなるので、家計を黒字にするのがなかなか難しくなります。そのようなときに今度は冷蔵庫が壊れて新しいものを買わざるを得なくなった場合、ふたたび分割払いやリボ払いをせざるを得なくなるのです。本来ならば「貯める」お金から出すべき支出ですが、その貯えがないとこうしてリボと分割のループをさまようことになってしまうのです。

Tさんは分割払いとリボ払いのループにどっぷりとハマり、トータルで400万円近くの返済に追われていました。あるとき、「この沼から抜け出したい!」と本気で思い、そこから2年間で500万円貯めました。Tさんの本業の就業形態がシフト制だったので、休みの日にはアルバイトをいくつも掛け持ちしたのです。かなりストイックに働くことで、お金を使う時間をつくらないようにもした、と後にTさんは言っていました。

ここまで強力にやる必要はないかもしれませんが、逆にこのくらいの覚悟がないとこのループからは抜けられないということかもしれません。

もし、分割やリボ払いを使ってみようかな、と思っている人は、どうかループに陥らないように十分注意してください。できれば、使わないことをおすすめします。

クレジットカードを利用なら一括払いで。それから、やはり貯金は「いざ！」というときに必要になりますから貯めておきましょう。貯金がないと、余計な金利手数料を支払ってでもリボ払いを利用しなければならない羽目に陥り、結果として貧乏になるばかりです。

ココがポイント！

老後貧乏に陥らないために……うかつに分割やリボ払いには手を出さない

貯金が減るのが怖い

貯金があるのに、なぜかキャッシング

相談にいらしたUさん。キャッシングなどで50万円ほどの借金があります。「ということは、貯金はゼロなんだろうな」と思っていました。ところが話を聞いてみたら、貯金は２００万円以上あるというのです。聞けば、貯金の２００万円を減らしたくなくて、キャッシングをしたというのです。

このほか、リボ払いの残高が３００万円あるけれど、貯金は５００万円ある、という方もいらっしゃいました。「返していったら、貯金が減るのはわかっている。けれど、それはイヤなのでリボ払いを利用した。別にそこまで急いで払う必要もないかと思って」と言います。

このように、お金が貯まらない人の中には、貯金があるのにそれを使わず、リボ払いや分割払い、キャッシングを利用する人もいます。「貯金が減るのが怖い」というのです。

先にもお話ししましたが、リボ払いには平均で約15％の金利手数料がかかりますから、残高３００万円ということは、計算すると、３００万円×０・15÷３６５×30＝約３万７０００円を余計に支払っていることになります。

さらに、シミュレーションしてみると、３００万円を完済するのに１００万円くらいの金利を払うことになる計算です。リボ払いには「金利がある」ということに目が向いていないのかなと思います。

貯金は必要なときに引き出すもの

貯金は貯めるだけが目的では決してありません。

そもそも、お金は使うためのものだからです。ですから、必要なときには貯金を利用するのは決して悪い使い方ではありません。せっかく貯金がありながら、リボ払いやキャッシングに走るのは本当にもったいないことです。先にもお話ししましたが、リボ払いや分割払い、それからキャッシングはできる限り使わないこと。自分の収入の中で支払いをし、完結させることが大事です。

ココがポイント！

貯金がない↓リボ払い↓ますます貯金できない↓リボしか利用できない……の無限ループにご用心

「絶対これ！」というこだわりがある――①通信費

高くてもこだわりたい５つのこと

お金を貯められない人に共通するのが、ものに対する「愛着」の強さです。ある意味保守的と言えるかもしれません。「今までずっと使ってきたから」「今さら変えられない」という強い思いを持っていることがとても多いのです。「携帯電話はA社じゃなきゃ」「買い物はB店で」など、「これ！」「ここ！」がしっかりと決まっていて、それを頑なまでに守り続けるところがあります。

特に、携帯電話や食材、保険、教育、住居などにそのこだわりは強く見られます。また、美容院、塾、学校、マッサージなど……、あれにもこれにもこだわりがあって、どれも妥協できないところがあります。すべてにおいて、なにかしら「それを選んだ理由」を持っています。

何かに愛着を持ったり、大事に考えたりすることはいいことです。ですが、それにこだわりすぎるあまりに家計をひっ迫してしまってはどうしようもないですよね。また、妥協できないと、支出の見直しをする際にも削るところが見つからなくなってしまうのです。

それをすべてやっていたら、お金は貯まらないよ、という話が非常に多いのです。

通信費――通信会社は買ったときからずっと同じ

たとえば、携帯電話もお金を貯められない人がこだわるもののひとつです。

かつてはドコモ、au、ソフトバンクの3つの大手キャリアのいずれかから選ぶしかありませんでした。大手キャリアの携帯料金は概して割高です。MMD研究所が2020年10月に行った「通信サービスの料金と容量に関する実態調査」によれば、大手3大キャリア利用者の平均通信費は月8312円です。場合によっては1万円を超えることもあるでしょう。

今は、通信会社を自由に選ぶことができます。先にお話しした大手キャリアからはahamo、povo、LINEMOなどの格安プランや、Y!モバイル、UQモバイルなど「サ

通信会社に支払っている平均月額料金 ※通信サービス別

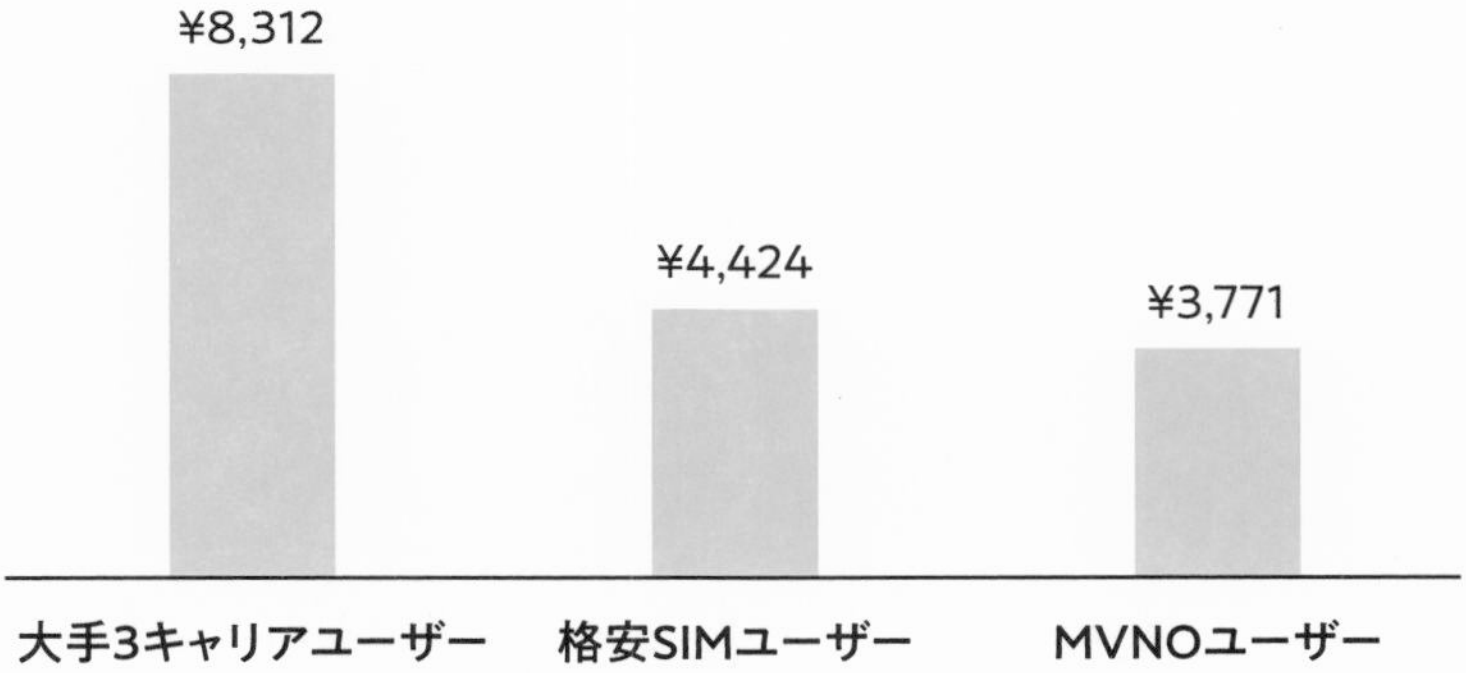

MMD研究所調べ

ブブランド」と呼ばれる格安ＳＩＭサービスも出ています。そのほか、楽天モバイルやＭＶＮＯ、ｍｉｎｅｏなどの格安通信プランもあります。

先のＭＭＤ研究所の調査によれば、格安ＳＩＭ利用者の平均通信費は月４４２４円ほど。大手キャリアを利用した場合のほぼ半額です。年単位で考えると、１年で約４万８０００円の差ですが、５年で24万円、10年ではなんと48万円の差が出るのです。

格安ＳＩＭサービスの場合、１０００円台からありますから、選んだプランによってはさらに大きく差が開く可能性もおおいにあります。

にもかかわらず、「これまでずっとドコモを使ってきたから……」「ａｕにお世話になってきたので」という理由で同じキャリアのプランを、携帯電話をはじめて買ったときから、まるで忠誠を誓っているかのようにずっと使い続けているという方も多いです。ある意味、義理堅いですね。年会費4万8000円を払って、携帯電話会社のファンクラブに入っているのと同じようなものです。ファンクラブそれに相手はたいしたファンサービスもなければ、たいした特典もありません。なにより、ムダな支出が増えるだけです。それでもまだ忠誠を誓いますか？

ココがポイント！

通信電波に高い安いは関係なし。ならば、安いコースのほうがよくない？

「絶対これ！」というこだわりがある──②食材

オーガニック、無添加、無着色……安心を究めると

「自分や家族の体のために、体にいいものだけを口にするようにしたい」とこだわっている方がいらっしゃいます。もちろん、それは大事なことだと思います。けれど、それも度を越すと食費がグンとはね上がり、家計をひっ迫する原因になるので注意が必要です。特に「食材宅配サービス」を利用している方に、その傾向が強いようです。

食材宅配サービスを利用したことのある人は、約4割（36・8％）だといいます（株式会社クロス・マーケティングが2020年、全国の20～69歳の男女に行った調査）。共働きで買い物に行く時間が取れない家庭のほか、有機食品やこだわりの食材を求める人も利用しているのでしょう。

また、食材宅配サービスの市場規模は、２０１６年に2兆円を超えたあとも年々増加の一途をたどっています。1度経験すると、その便利さにやめられなくなるのかもしれません。特に、コープ・生協系への信頼度は強いようです。コープデリ、おうちコープ、生活クラブ、パルシステムなど、地域によって加入できる生協は異なります。そのほか、食材宅配サービスには、オイシックス・ラ・大地、ヨシケイなどもあります。それぞれにこだわりがあり、そのサービスに全面的に信頼している方も多いようです。「ここでなければ！」「ここなら安心！」「ここで買えば間違いなし！」「体にいいものがここならそろう！」とすべての商品を宅配サービスで頼んでいる人もいます。

食へのこだわりは食費に直結

しかし、生協などの宅配は毎週注文1回２０００円以上だと送料いくらと決まっていて、金額が満たないと送料も高くなります。そのため、送料が安くなるようついつい多めに注文してしまうことも多くなります。その結果、食費もぐんぐん上がっていくのです。

こだわりを持つことはいいことかもしれません。でも、そこに頼りすぎることで家計に負担がかかってきます。ある方は食材宅配サービスだけで月約４万円、食費全体で月９万円にものぼっていました。

一応、**目安として1カ月の食費は手取り額の14％程度。20％を超えると費用のかけすぎと判断します。**宅配食品の質がいいのはわかりますが、食費の予算内におさまる範囲でこだわることをおすすめします。

ココがポイント！

食費の目安は手取り額の14％程度。20％を超えると要注意

「絶対これ！」というこだわりがある――③保険

保険内容より保険会社で選びがち

今はさまざまな生命保険の商品が出ていて、加入件数は１億９３０１万件にものぼります。14年連続で契約件数は増加しているといいます（一般社団法人生命保険協会「生命保険の動向〈２０２２年版〉」より）。また、新規で生命保険に加入した人は、１８８７万件。３年ぶりに増加しました。「人生１００年時代」といわれるからか、「いざ！」というときのために準備しておく人が増えたのかもしれません。死んだときの保障よりも、生きているときの保障を手厚くしようと、死亡保障の金額をおさえ、医療保障を充実させる傾向にあるようです。

お金が貯まらない人の場合、保険の商品内容より、保険「会社」にこだわっていることのほうが多いように思います。特に大手生命保険会社への信頼度はまだまだ根強いです。ですが、今は損保系と言われる保険会社や、外資系の保険会社のほうが月々の保険料が安く保障内容もいい場合が多いです。**私は今の大手の生命保険商品には特におすすめすべきものはないと考えています。**

いずれにしても、知り合いや親せきが保険の募集員をやっているからといって、おつき合いで加入するものでもありませんし、会社で選ぶものでもありません。いざ利用する際の保障内容と月々の保険料が見合っているか？　が重要です。

ココがポイント！

保険は保険会社ではなく保障内容で選んで

「絶対これ!」というこだわりがある――④子どもの教育

お金を貯められない人は、固定費の中でも特に教育費と住居費にお金をかけている傾向にあります。どちらも、長期的に支払いが続くものなのでそこが高いと老後資金を貯める余裕がなくなってしまいます。

子どもの一生にかかわるものだから……

そのひとつが教育費です。教育費は各家庭にとっての「聖域」のようなところがあります。子どもにどのような教育を受けさせたいか？　教育方針は本当に人それぞれです。「子どもの教育にはそれほどお金をかけない」「小さいうちはいっぱい遊ばせたい」という人もいれば、子どもの将来のために、子どもの可能性をつぶしたくないから……子どもの教育にはお金をかけてあげたい、と願う親御さんがいることもたしかです。

「小学校受験をして私立に入学し、いい教育を受けさせる」「中学受験、高校受験をさせて、いい大学をねらわせたい」という方もいらっしゃるでしょう。

教育費は手取り収入の３％程度を目安として考えていますが、場合によっては家計の15〜20％を占めてしまうこともあります。

もちろん、それぞれの方の価値観を大切にすることは大事だと思っています。どの方法にも正解はないからです。

また、晩婚、晩産、少子化によって、お金をかけられる環境にあるというのも大きいと思います。30代後半から40代、50代でお子さんが生まれたという方もいらっしゃいます。そのような場合、会社でもある程度上の役職に就き、収入がある状態なので使えるお金には余裕があります。また、子どもの人数もひとりっこやふたりのことが多いので、ひとり当たりにかけられるお金も多くなります。そういったところからもお金をかけたくなるというのもあるでしょう。

教育にお金をかけることは決して悪いことではありません。

ですが、教育費にかけすぎることによって家計が毎月赤字になり、貯蓄から出していかなければいけない状態なのはやりすぎと言わざるを得ません。

実は、教育費をかけすぎて家計は毎月火の車。老後の破綻が目に見えているというご家庭はいやというほど見てきています。

私立に進学する率は？

いったい、どのくらいの人が私立に通っているのでしょうか？

文部科学省の「私立学校・学校法人基礎データ」によると、私立学校に通っている人の割合は、幼稚園で87・8％、小学校１・３％、中学校７・７％、高校34・３％、大学74・７％となっています（令和４年5月1日時点）。まだまだ少数ですが、特に大都市周辺では私立への進学率が高まっているようですね。

文部科学省「学校基本調査２０１７」によると、私立中学校へ進学する割合は、全国では約８％ですが、東京都だけで見ると約25％にのぼります。令和2年の私立中学進学者は約３０００人増え、一方公立中学進学者は約９０００人減っているというデータがあります。首都圏では私立中学の進学者が増加傾向にあるようです（文部科学省「文部科学統計要覧〈令和３年版〉」より）。

ちなみに、東京23区内での私立中学への進学率が高いのは、１位：文京区（40・４％）、２位：港区（39・１％）、３位：目黒区（38・５％）だそうです。地域差がありますね。

ずっと私立だといくらかかる？

では、幼稚園や小学校から私立に入れるといったいどのくらいの金額がかかるのでしょう。

文部科学省が幼稚園、小学校、中学、高校の保護者５万２９０３人（１６００校）を対象に行った「令和３年度子供の学習費調査」によれば、子どもにかかる教育費の総額平均は、

公立幼稚園　16万５１２６円
私立幼稚園　30万８９０９円

各校種の「学習費総額」

公立幼稚園	16万5,126円	前回 22万3,647円
私立幼稚園	30万8,909円	前回 52万7,916円
公立小学校	35万2,566円	前回 32万1,281円
私立小学校	166万6,949円	前回 159万8,691円
公立中学校	53万8,799円	前回 48万8,397円
私立中学校	143万6,353円	前回 140万6,433円
公立高等学校(全日制)	51万2,971円	前回 45万7,380円
私立高等学校(全日制)	105万4,444円	前回 96万9,911円

公立小学校 35万2566円
私立小学校 166万6949円
公立中学校 53万8799円
私立中学校 143万6353円
公立高等学校（全日制）51万2971円
私立高等学校（全日制）105万4444円

となっています。

幼稚園（3歳）から高校3年までの15年間の学習費を比べてみると……

1. すべて公立に通った場合　574万円
2. 幼稚園は私立、小学校～高校まで公立の場合
620万円

3．幼稚園と高校が私立、小学校、中学校は公立の場合　781万円
4．幼稚園から高校まですべて私立に通った場合　1838万円

となっています。大きな開きがありますね。

平均より年収が高い700〜900万円くらいのご家庭だと、私立に通わせる余裕も多少はあることから「子どもを私立に行かせたい」と考えるのかもしれません。けれど、そのことによって、実際に家計相談をしてきたうちの約7割が老後の資金が心配な状況です。ライフプラン表を立ててみると、「老後、生活できますか？」という状況です。

お稽古代、年間いくら？

学校のほかに、考えるのが「お稽古」です。「いろいろな経験をさせたいから」と、いくつもお稽古に習わせている人もいます。

また、中学受験を考えている子は、小学校3年生くらいから進学塾に通いはじめるでしょ

う。毎月の塾代に、夏休みや冬休みは夏期講習、冬期講習……さらに教育費は上乗せです。

小学校のときは中学受験向けの塾、中学に上がったら高校受験向けの塾、高校に上がったら大学受験向けの塾……と、延々塾に通わせている方もいらっしゃいます。

ちなみに、年間にお稽古事にかかる費用（学校外活動費）の平均は次のようになっています。

公立小学校：24・8万円
私立小学校：66・1万円
公立中学校：36・9万円
私立中学校：36・8万円
公立高校：20・4万円（うち、塾等が17・1万円）
私立高校：30・4万円（うち、塾等が24・7万円）

特に、公立では中学3年で49万8０００円かかり、私立では小学校5年で77万6０００

円かかります。

大都市のほうが塾やお稽古にかける金額は高く、私立に通わせている家庭のほうがお稽古にかける費用も高いこともわかっています。

中学になると、サッカーや野球、スイミング、ラグビーなど、スポーツにかなり力を入れる子が増えてきます。本格的になってくると毎週末のように試合に出かけることも増えます。意外とかかるのが遠征費です。交通費やガソリン代、使用する施設代、飲食代など。毎週1、2回ですから、月4～8回あると、なかなかの支出ですよね。

サッカーの本場にスポーツ留学

Ｉさんはお子さんが中学に上がると、「本場のサッカーを体験したい」と言い出したので、サッカーの本場である欧米に3年間海外留学をさせることになりました。仕送り金額は月30万円です。そのほかに自分たちの生活もありますから、毎月の家計は赤字続きです。

Ｉさんは「少し老後のことも考えないと」と思い立ち、相談に来られました。家計を見直し、浮いた分を積み立て投信しようという考えです。

ところが、あらためて夫の貯蓄を見てみると、貯金は空っぽ。毎月の生活だけで精一杯でとても投資に回せるお金はありませんでした。決して所得がないわけではないだけに、その事実を知ったIさんはショックを覚えたようです。

お子さんの未来の可能性のために、多少お金をかけても本物の教育を受けさせたい、あれもこれもやらせたい、と考えるのが親心かもしれません。でも、教育費の上限を決めておかないと、親が老後を迎えるときに家計が破綻する危険性は十分にあります。親の生活が立ち行かなくなったら元も子もありませんよね。かえって子どもに迷惑をかける場合もあるでしょう。そうならないためにも、今からしっかりと管理しておくことが大事です。

ココがポイント！

教育費をかけすぎて、老後貧乏に陥らないように

「絶対これ！」というこだわりがある――⑤住居

家にはとことんこだわりたい。その気持ちはわかります

家はくつろぎの場でもあり、過ごす時間も長いことからこだわりたいし、お金をかけたくなりますよね。その気持ちはよくわかります。だからといって自分の理想を追求し、予算も青天井……となると、話は変わってきます。

基本的に、**住居費は手取り（額面ではありません）の25％以内におさめるのが望ましいです。**

Gさんは月収27万円です。最近、親元を離れ、ひとり暮らしをはじめることにしました。希望は、「マンションはオートロック。駅近、新築」の物件です。それらの条件に合った物件を探していたら、ぴったりの部屋を見つけました。家賃は10万円です。Gさんは「でも……これ以上、自分にぴったりの部屋はきっと見つからないから」と契約することにしました。

希望の部屋が見つかったのはいいかもしれません。ですが、収入に対する家賃の割合が大きすぎます。目安として、家賃は手取り金額の25％以内ですから6万7500円になります。10万円の家賃だと家計の37％にもなってしまいます。しかも、仕事から帰って自炊するのは疲れるからとウーバーイーツなど、食事の宅配を頼むことも多くなりました。

案の定、家計は毎月赤字に。貯金を崩しながら生活することになりました。老後の心配どころか、その前に貯金が尽きてしまうかもしれません。

家計の黒字を考えるならば次のようなことを考える必要があります。

①手取りの25％以内におさまる物件を探す
②住居費がかさむ分、食費その他の費用を削って調整する
③家賃分、収入を増やす

一番はじめやすいのが、①でしょう。物件を見直すことで家計はかなり楽になります。それでも、今の家に住みたいというのであれば、③の収入を増やしながら、②でほかの項目を節約するという合わせ技が必要になります。

今回は、ひとり暮らしの方のケースですが、ふたり以上で住む場合もこの計算式は同じです。一度、今の住居は妥当か？　を調べてみてください。

ココがポイント！

住居は長く住み続けるものだから、ムリのないように

心配性の人……ついものを買い込んでしまう

「いざ！」というときを想定しすぎ

貯められない人はけっこう心配性な方が多いです。

「あれがないと心配」「いつ使うかわからないけれど、そのときにないと困る」と考え、いつ来るかわからないその日に備えて、十分すぎるほどものを買い込むなどして準備をするのです。

新型コロナウイルスが大流行し、外出を控えるよう言われていたとき、Mさんの家では食費や消耗品代が一気に跳ね上がりました。少しでも外出しなくて済むように、「備蓄」と称して保存食や冷凍食品、それからティッシュペーパーやトイレットペーパー、マスク、洗剤などの日用品を買い貯めていたのです。しまいには、冷凍食品が家の冷蔵庫に収まり切らなくて、新しい冷蔵庫を買い足すまでになったのです。

「○○がない！」という焦りをできるだけ解消したい。不便な思いをしないための先回りでしょう。このようによくも悪くも心配性な面が強いように思います。

さらに、この買いだめが習慣化してしまい、外出がかなり自由にできるようになった今でも買い貯めは続いているといいます。これではお金は出ていくばかりですね。

また、買いすぎると在庫を把握できないため、過去に買ったものを忘れている可能性も高いです。収納庫をちょっとのぞいたら、同じものがいくつも出てきたという話もよく聞きます。それらを早く減らしたくて、規定量以上に使うということも。もったいないですよね。

ティッシュがなければ、○○で代用!?

ものに関しては、「これがないとダメ」ではなく、「なかったら別のもので代用すればいい」くらいの気持ちを持てるほうがいいでしょう。

Nさんは、ティッシュペーパーを切らしてしまったとき、実家のお母さんにこう言われたそうです。「ティッシュがなかったら、新聞紙でも、いらないハンカチや洋服でも代用できるから大丈夫！」それを聞いたNさんは、「そこまでは強くなれないけれど、そのくらいの気持ちでいたらなんとかなるもんだな」と感じ、ティッシュペーパーがなくて騒いでいた自分が小さく思えたといいます。そこまではやらなくていいと思いますが、ティッシュペーパーがなかったら、たとえばトイレットペーパーを使うとか、家に余っているポケットティッシュを探してみるなどすればしのげるでしょう。さほど不快感も覚えないでしょうし、意外となんとかなるものです。

足りなくなったときに都度買うと、定価で買う羽目になったり、コンビニを利用したりするので高くつくのでは？　と思うかもしれません。ですが、使わずにダメにしてしまったり、買いすぎて在庫があるのを忘れてしまうより、確実に使い切るほうが結果的に安くつきます。

貯められる人は旅行の荷物が少ない

お金を貯められる人は、「なくてもなんとかなる」と思っているところがあるので、旅行の荷物が小さいです。必要最低限しか持ち歩かないからです。たとえば、コンタクトレンズやメガネ、洋服などは、持って行かないと替えが効きません。でも、パジャマはホテルや旅館のものを着ればいいし、歯ブラシ、ドライヤーなどは備品を利用すればＯＫ。化粧品は小さく詰め替えていくか、以前もらった試供品を利用する、という人もいます。それに、もし足りなかったら現地で調達すればいいという考えです。

一方心配性な人は、自分がいつも使っているものを持って行かないと安心しないところがあります。ですから、ドライヤーやパジャマはもちろんのこと、枕などを持って行く人もいます。具合が悪くなったとき用の常備薬も一式。洋服も宿泊日数のほかに「汚れたとき用」「出かけるとき用」「寒くなったら」「雨が降ったら」など、さまざまなシチュエーションを想定して何着もプラスで用意します。その結果、１、２泊なのに引っ越しでもするかのような大荷物になっている場合もあります。

旅に想定外のハプニングはつきものです。起こっていないことを心配しても仕方ないところがあるので、心配しすぎず、「何か事が起こったら考えればいい」くらいに大きく構えておきましょう。
家の備蓄も同じです。最低限の用意は必要ですが、それ以上は「なんとかなる」「なんとかする」という気持ちでいましょう。

ココがポイント！

備蓄も旅行荷物もコンパクトに。なくてもなんとかなる！

さびしさが支出を加速

人はさびしさからついお金を使ってしまうことも多いようです。

老後を待ち受ける３Ｋのひとつに「孤独」があります。それを埋めるのがお金の力なのかもしれません。

「誰かとつながっていたい」が支出につながり……

Ｂさんは、夫を亡くしてひとり暮らし。

お嬢さんも結婚して、今は車で１時間ほど離れたところに住んでいます。ひとり暮らしになったので食費は減るかと思いきや、むしろ増える一方で、月に10万円近くかかっています。

聞けば、娘や友人に「おいしい○○があるから取りに来ない？」と、どうやら食べ物を誘う口実にしているようなのです。

ほかには、「食事をごちそうするから会いましょう」と言って、食事をおごる機会も増えたようです。

食費だけでなく、被服費も増加しました。

でも、別に洋服が欲しいから買っているというわけではなさそうです。「店員さんと話したいから」「常連さん扱いしてもらえるのがうれしいから」というのが理由です。話し相手が欲しいためにお金を使っているのです。

それによって、毎月年金ではとてもやりくりできないため、夫が遺してくれた貯金は日に日に目減りし続け、しまいには銀行貸し付けや生命保険の契約者貸し付けなども行うまでになったのです。

寂しさをお金で埋めようとして、その結果、生活に支障が出てしまうのはよくないですよね。

そうならないためにも、今のうちからお金がかかりすぎないひとり時間の楽しみ方をつくっておくとか、なにか趣味を見つけておくことなど、さびしさを覚えないような時間の使い方を見つけることも大事かもしれません。趣味がきっかけで新たな友達もできるかもしれません。

ココがポイント！

自分の時間を楽しむためにお金を使おう

化粧品にお金をかけがち

化粧品で自己破産!?

「肌に直接つけるものだから」と化粧品にお金をかける方は多いようです。年齢を重ねるごとに肌の衰えが気になり、「少しでもいいものを使いたい」「若さをキープしたい」と考える女性もいらっしゃるでしょう。ふと見かけたテレビＣＭや新聞広告が気になって、「ちょっと高いけれど、もしかしたら今のものより効くかも……?」と試してみることもあるかもしれません。

また、「敏感肌だから」と、ワンランク上の化粧品を使っている方もいらっしゃいます。もちろん、自分のお肌や体に気を配るのはいいことだと思います。ですが、自分の収入との「割合」を考えてほしいのです。

Ｆさんは収入21万円ほどです。「お金が貯まらないんです」と言って、家計相談に来られました。支出の内訳を見せてもらったら、化粧品代が毎月５万円かかっていました。収入の４分の１を占めています。ほかに食費や光熱費、住居費などもかかりますから、いつも家計は火の車。もちろん貯金などとてもできない状態でした。

家計の見直しをすることにしました。収入に対する化粧品代の割合が突出していましたから、「少し減らすことはできませんか？」とたずねましたが、Ｆさんはどうしても譲ることができませんでした。

化粧品代だけが原因というわけではありませんが、Ｆさんは数年後に再び相談にきた時には借金を抱え最後には自己破産する羽目に陥ってしまったのです。

優先順位を間違えると……

人それぞれ価値観が違いますから、人によってお金をかけたい部分や大事なものは異なるのは当然です。おそらくＦさんは自分の肌に合った化粧品を見つけたから「もうこれしかない！」と思い、フルラインナップでそれを使用していたのでしょう。ですが、そのために生活が立ち行かなくなってしまってはどうしようもないですよね。その前に「優先順位」を考え、妥協点を見つけることが必要です。この場合で言えば、毎月生活できることが第一条件ではないでしょうか。

まずは収入に対して、生活に必要な金額を先に取っておく。化粧品代は残った分から予算を決めて、その中から選ぶという方法を取るといいですね。

また、化粧品をフルラインナップで使うのではなく、「これはなくても大丈夫かな？」「これは別のもので代用してみよう」と再検討できるといいと思います。「ゼロか100か？」ではなく、「少しだけ」「一部だけ」という考え方や代わりを探すという柔軟さも取り入れてほしいと思います。

ココがポイント！

ゼロか100ではなく、40、50という選択肢もある

高収入のほうがなぜかお金が貯めにくい

年収８００万円以上は注意が必要

冒頭でも少しお話ししましたが、年収が低いからといってお金が貯められないわけではありません。むしろ注意すべきなのは、年収の高い人です。

私の肌感覚で言うと、**年収８００万円以上になると、余計なことにお金を使いはじめ、かえってお金を貯められなくなってくる傾向にあるような気がします。**たとえば、「今日は疲れたから」といって気軽に外食をしたり、「自分へのごほうび」と言って高級なゴルフクラブを買ったり……。

また、いい学校を出て大企業や有名企業に勤め、いいポジションについている人ほど、「お金はいくら使ってもなんとかなる」という思いがあるようです。それがお金を貯めることの妨げになっているように思います。「稼ごうと思えば、いつでも稼げる」というような自信は働くうえで必要かもしれません。ですが、家計にもその気持ちを持ち込むと財布のひもが緩む原因にもつながり、気づいたら貯金が空だった！　ということにもなりかねないのです。

逆に、それよりも年収が低い方のほうが堅実に貯めることができています。「自分は大丈夫」「なんとかなる」という感覚にとらわれない分危機意識が働き、「きちんと貯めよう」という行動につながるのかもしれません。

収入が高いと、その分教育費も高くなりがち

年収が高い人のほうが、教育費にもお金をかけがちです。その結果、家計が赤字になることも。

Hさんは手取り75万円ほど。妻と子ども（保育園と小学生）の4人暮らしです。子どもの教育にも熱心で、英語やサッカー、スイミング、プログラミングスクールなど、4つお稽古に通わせています。教育費は月13万円にまで膨れ上がりました。

かといって、ほかの項目も削れません。食費10万円以上、保険８万円、衣服代10万円など……毎月75万円の収入があるのに、支出は78万円以上。完全に赤字です。

そこで、現在の家計の中から削れそうなところを一緒に探していくことにしましたが、「これも大事」「これは削れない」と、２万円ほどしか削れませんでした。「月75万円なんて、普通なら払えない金額ですよ」と言うと、「え、そうなんですか？」とびっくりした様子でした。周囲も似たような環境だと気づきにくいのかもしれませんね。

「見込み」収入で家計を考えない

年収が平均よりやや高めの人や副収入のある人に多いのが、「たぶんこのくらい稼げるだろう」という見込みの収入で未来の生活を考えることです。

また、別のＨさん夫妻は夫が会社員、妻が自営業。小学校のお子さんが２人います。年収７５０万円ですが、アパートを３棟持っています。

とはいっても、2億円近くの住宅ローンを組んでいるので、家賃収入が丸々自分たちの収入になるというわけではありません。ローンを返済し、固定資産税やメンテナンスなどにお金を払った残りが収入になりますが、今のところほとんどプラスにはなっていないのが現状です。貯金はほとんどありません。

にもかかわらず、順風満帆な未来を当て込んだ家計設計をしています。

アパートも常に借り手がいて満室状態の場合の収入を想定しています。また、妻の収入は現在平均して20万円ほどですが、これからどんどん上がっていくと考えています。これらの収入をすべて当て込んでいるからか、全体的に財布のひもが緩く、月の支出は80万円以上。月の家計は赤字。ボーナスでかろうじて黒字という状態です。食費が10万円超え、水道や電気などの光熱費、そして携帯料金も全体的に高めです。そのほか、洋服や化粧品代も毎月3万円以上かかっています。

Hさん夫妻は、今、賃貸に住んでいますが、数年後にはマイホームを購入したいと考えているようです。そこで住居費を今より10万円上げたいと考えているようです。月の家計が赤字なのにもかかわらず、です。

私から見ると、Ｈさん夫妻の家計状況は、車にたとえるとものすごく燃費の悪い外車のように思えます。このまま突き進んでいくと、近い将来、ガス欠で「お金がない！」とすべてが滞ってしまう困った状態になってしまうと思うのです。

家計相談では、今の支出から削れるものを検討していただくのですが、Ｈさん夫妻は譲れないものが多く、80万円の支出のうち４万円ほどしか節約できないと言います。

「なんとかなる！」では済まないことも……

一般的に、特に高収入の人、それから副業などで副収入がある方、共働きで夫婦で稼いでいる方はなんとなく楽天的な人が多いように思います。心のどこかで、「やればなんとかなる」「やる気になれば、いつでももっと稼げる」と考えているのです。

また、特に自営業の方は収入が決まっているわけではないので、「もっと本気を出せば、これからどんどん年収はアップする」という気持ちになっているところが多いように思います。もちろん収入が上がる可能性も十分あるのですが、一方で今より下がる可能性も十分あり得るのです。ですが、下がることはあまり考えていないようです。

結果的に収入が増えた場合ばかり考えて、支出をなおざりにしている面があります。「収入がもっと増えたら」「これがうまくいったら」など、「希望的観測」で収支計算をするケースが多いのです。

ですが、実際には自営業の方の収入には波があることが多いですから、毎月一定のお給料をもらっている会社員の方よりも収支計算をきちんとしておかないと家計のお金に狂いが生じることが多いです。

しかも、お子さんが今後成長するにつれて、さらにお金がかかってきます。中学受験を予定していたら塾代が加算されてくるでしょうし、成長期になれば明白です。

「もっと収入が増えたら」「これから稼げれば」などの「たられば」ではなく、「現状」の数字をもとに、家計を考えていきましょう。

ココがポイント！

未来の家計は「現実」をもとに算出して

お金を貯められない職業は？

手堅い職業No.1の現実

職業で見てみると、公務員の方は意外と貯められていないように思います。「公務員は手堅い職業No.1では?」と思うかもしれません。ですが、手堅いからこそ、いえ、手堅いと本人が思っているからこそ貯まらないのです。また、安定企業と言われる国内の大手企業に勤める方も同じです。

国内企業も公務員も、根底に流れるのは「年功序列」「終身雇用」です。そうそう辞めさせられることはないし、会社がつぶれる心配もない。勤めてさえいれば、収入は上がっていく一方。退職金は絶対もらえるし、年金も手厚いです。

相談にいらしたある方は、「国家公務員のおれがうまくいかないわけがない」とおっしゃっていました。でも、お金が貯まらなくて困っているから相談にいらしたのですけれどね。年金だけでは老後の資金は十分ではない、と口では言っていても、心のどこかにそのような気持ちがあるからか、知らず知らずのうちに財布のひもを緩くしてしまうのです。

意外と危うい日系企業や専門職

公務員だけではなく、日本の企業、それも比較的大企業に勤める方も同じように貯められない人が多いです。「安定企業」と言われ、新卒で就職した会社に定年までずっと勤めることが当たり前。しかも勤続年数が長くなるのに比例して役職も上がり、給料も増えるという意識が強いのではないでしょうか。定年まで安定的に収入が得られる、と信じている方が多いように思います。「会社に守られている」という意識が強いのかもしれません。「収入もこれから増えるし」「ボーナスもあるし」と、つい見えない収入を当て込んでしまうのです。とはいえ、厚生労働省の調べによると日本の企業の約半分が終身雇用制だといいますからそう考えるのも無理はないのかもしれません。

日本企業は、終身雇用に退職金、企業年金と、会社が守ってくれているところが大きいです。「守られている」という意識から、お金管理の意識も甘くなるのかもしれません。

外資系勤務のほうが堅実!?

また、医師や歯科医師の方、弁護士、税理士など、いわゆる「士業」と言われる方、専門職の方たちも貯めにくい方が多いです。「いくらでも稼げる」という気持ちが強く、その自負がお財布のひもを緩める結果につながるのかもしれません。

一方、外資系企業に勤める人のほうがお金に関して現実的に考えているように思います。今の企業にずっといるとは思っていないし、今の給料がいつまでも続くとも思っていません。「今だけ」という感覚が強いからシビアにとらえ、お金のことを冷静に見ているのです。そもそも、アメリカの企業には退職金の制度がありません。だから、自分でお金を貯めて増やして、運用していくのが盛んなのです。「自分の身は自分で守る」が文化になっているのです。

今までは手堅いとされてきた公務員、日系企業、専門職の方々も、世の中は少しずつ変わりはじめています。外資系勤務の方のように、自分の身は自分で守るつもりで、少し自分のお金事情を振り返り、そして見直してみましょう。

ココがポイント！

今の収入がいつまでも続くと思わないほうがいい

「なんとかなる」はお金が逃げていく一番のセリフ

「まあ、いっか」が口グセになっていませんか?

「なんとかなる」という言葉は一見おおらかでのんびりしていて、心に余裕がある人の言葉に思えるかもしれません。

ですが、お金を貯めたいと考える場合にはそれが一番のネックになることが多いように思います。

「今月はちょっと使いすぎちゃったかな。でも、まあなんとかなるか」と自分に言い聞かせる。そういう方は残念ながら、来月も同じように「今月はちょっと使いすぎたかも。でも、まあなんとかなる」と言っていることが多いです。

それを毎月繰り返していくと、使いすぎが膨らんで、なんとかならない状況になってしまうのです。

「なんとかならないかも？」という気持ちを持つ

別に必死になって貯める必要はまったくありません。ですが、「なんとかなる」という気持ちは少し封印し、「このままだとなんとかならないかも？」という気持ちでいたほうが貯めるチャンスはあります。

ダイエットもそうですよね。ケーキ食べ放題に行ったあとに、「今日はちょっと食べすぎちゃったけど、なんとかなる。明日からダイエット頑張ろう」と言う。

次の日、焼き肉をたらふく食べて、「ちょっと食べすぎちゃったけど、なんとかなる。明日から頑張れば大丈夫」と言う。

「ダイエットは明日から」を1カ月も繰り返していたら……、ちょっとやそっとではなんとかならない状態になってしまいますよね。

ちょっと食べすぎたと思ったら、翌日の食事を軽くするとか、いつもより歩いたり運動したりする時間を長くするなど、調整が必要です。

お金の場合もそれと同じです。「なんとかなる」ではなく、「今、なんとかしなければ、今後なんとかならないかも」という気持ちで調整してほしいのです。

ココがポイント！

なんとかなる――実はあんまりなんとかならないこともある

どこを節約していいか?がわからない

パワーカップルほど家計が赤字

先にもお話ししましたが、家計相談にいらっしゃる方の多くは、平均以上の収入があります。いわゆる稼いでいる人たちです。共働きで「パワーカップル」と呼ばれるように2馬力でバリバリ収入を得ている家庭もあります。「これだけ稼いでいたら、お金は貯まるのでは?」と思うほどの収入があるにもかかわらず、なぜか家計は赤字。支出も派手です(笑)。

私たちのところに家計相談に来た方にまず見せていただくのが、ここ数カ月の家計簿です。まず月ごとの収支を見せていただき、そこから削れそうだなと思える項目、平均にくらべて支出が多めの項目をチェックし、その中から「削れないか?」「削れるとしたらどの程度削れるか?」を見ていきます。

標準にくらべて高いと感じる項目には赤い丸をつけ、その支出を削れるか？　削れないか？　を一緒に見ながら青で書き込んでいきます。この1回目の相談で、「貯められる人か？　貯められない人か？」はよくわかります。

貯められない人に多いのが、赤丸はいっぱいついているのに、青いマークが全然つかないというパターンです。

客観的には削れる箇所はたくさんあるのに、本人は削れると考えていないのです。私から見ると、「ここは支出を削れるのではないか？」と思ってお話しをするのですが、「え、どこを削ればいいんですか？」という反応の方もいらっしゃいます。だから、なかなか支出の縮小につながりません。

貯めたい気持ちがあったとしても、自分の中で妥協できないことが多いと残念ながら何も変わりません。

お金が貯められる人の支出の割合

支出の理想的な割合

手取りの金額を100%とした場合

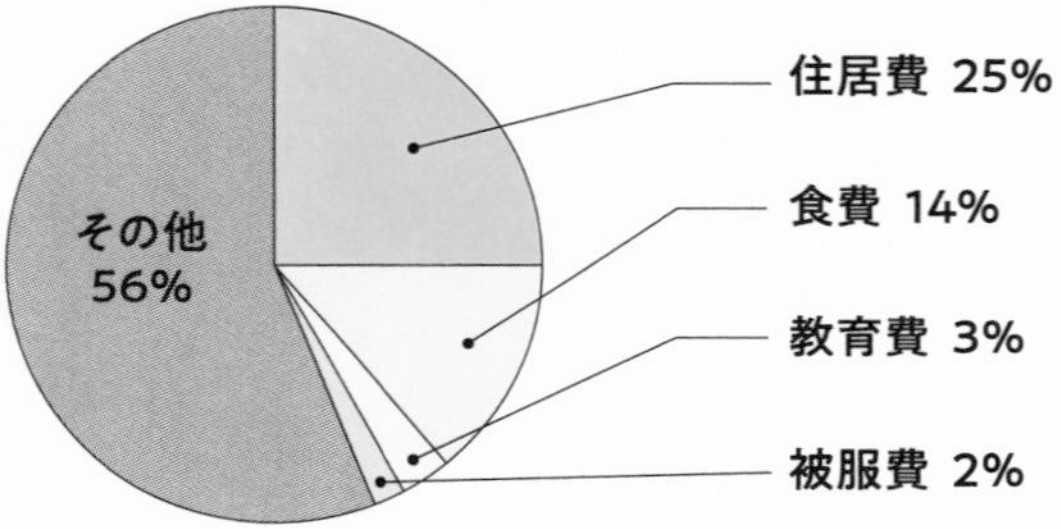

そのような場合には、一般的な支出の割合をお話しするようにしています。

比較対象があることで「自分の家は平均と比べて支出が多いのか、少ないのか?」を客観視することができるのです。

たとえば、支出の理想的な割合は次の通りです。

手取りの金額を１００％とした場合、一番割合の大きい住居費（持ち家の場合は住宅ローン、賃貸の場合は家賃）は25％、食費は14％、教育費は３％、被服費は２％となっています。

たとえば、手取り額が35万円の家庭の場合なら、食費は４万９０００円、教育費は月１万５０００円、被服費は月７０００円です。これは私がこれまで相談を受けてきたなかでまとめた、あくまでも「目安」です。なので、預貯金以外の部分で調整できればまったく問題ありません。

ただ、これに照らし合わせて考えてみると、食費や教育費が10万円を超えるのは明らかに多すぎるかもしれません。食費が20％を超える場合には多少なりとも見直したほうがいいでしょう。

支出の「メタボ」を解消しよう

ここで重要になるのが、「メリハリ」です。

すべてのことに対して節約しなさい、縮小しましょう、と言うつもりはまったくありません。自分がもっとも大事にしていることにはお金をかけてもいいし、こだわりを持つことはいいことだと思います。ですが、すべてのことにこだわりを持つのは、「支出のメタボ」だと思うのです。

まずは「あれもこれも」こだわることから、「これ！」はこだわる、と一点集中型にしましょう。

大事なのは、支出の割合を見たうえで、自分なりにカスタマイズすることです。先にもお話ししましたが、支出のバランスが取れないと、赤字の解消は難しいでしょう。それが続くと貧乏老後の未来が待っています。

支出の割合は自分に合うように調整しながら、トータルで黒字になるようにしましょう。

ココがポイント！

住居費は手取りの25％、食費14％、教育費3％、被服費2％を現状に照らし合わせてみて

時間、便利さをお金で買いがち

お金が貯められない人は便利さを何でもお金で買おうとする傾向にあります。

家の仕事は大変ですから、少しでも楽したいと考えるのは当然のことでしょう。そのひとつが「外食」です。特に収入が高い人に多いのが、「仕事から帰ってくると疲れてしまって。つくれないからついつい外食に頼ってしまうんです」という声。また、ひとり暮らしで、「ひとり分つくるのはかえってお金がかかるから、買ったほうが安上がりだと思って」という方もいらっしゃいます。もちろんそれも一理あるでしょう。仕事が終わってから食事をつくるのは大変ですよね。外食で手っ取り早く済ませたくなる気持ちはわかりますし、週1、2回ならそれもいいと思います。ですが、それが毎日のようになったら……自ずと家計をひっ迫する原因になるでしょう。

「めんどくさい」が支出を加速する

「この食費……。どれだけ使ったらこの金額になるのだろう」という方もいらっしゃいます。Oさん夫妻は共働きですが、月の食費がなんと40万円になりました。そこまでいかなくても、食費が月20万、30万円超のご家庭は意外と数多くあります。

たとえば、ウーバーイーツなどは配送料も高いし、値段自体も実際の店舗での値段よりも高く設定されていることが多いです。スターバックスコーヒーやマクドナルドの店舗を見ると、ウーバーイーツの配達員さんが列をなしている姿をよく見かけます。利用している人も多いのでしょうね。きっと「めんどくさい」という気持ちが勝るのでしょう。また、単価が低いから「数百円高くてもいいか」とハードルが下がるのです。1回くらい試してみるのはいいですが、怖いのはそれが「クセ」になることです。家で待っていれば好きなものが届くのですから、楽なのは間違いありません。そして一度、楽を経験してしまうと、自分で買って帰るのがますますめんどくさくなってしまいます。それが一番の落とし穴です。数百円も度重なると、数千円、数万円……と積み重なっていくからです。

どこまでを「必要経費」とするか

ここで問題となるのが、「でも忙しいから仕方がないよね」と「必要経費」を盾にすることです。「仕事頑張ったからいいよね」「つくれないから買うしかない」という気持ちがわくのもよくわかりますし、それを買えるだけの財力がある場合も多いです。でも、それではお金がどんどん流れ出てしまう一方です。もし、貯めたいのであれば、必要経費にも上限を設けましょう。「今月はいくらまで」と決めておき、上限を超えそうになったら、配達してもらうのではなく、多少不便でも自分で買って帰る、家族の誰かに買ってきてもらう、もしくは家でつくるなどの工夫をすることが大事です。

ココがポイント！

外食や宅配に頼むのは月いくら、と上限を決めておくこと

「時間を金で買う」という考え

家事代行、便利家電――タイパとお金の関係

先にウーバーイーツや出前館など、料理を宅配してもらうサービスの話をしましたが、「時間を金で買う」という考えは最近よく出てくるお金の使い方でもあります。「タイムパフォーマンス」、通称「タイパ」とも言われたりしていますね。タイムパフォーマンスとは、「投資した時間に対する効果」を表わす語で、２０２２年には「今年の新語大賞」にも選ばれました。時間を金で買うとは「便利を金で買う」とも言い換えられるかもしれませんが、いずれもタイムパフォーマンスのひとつと言えるでしょうか。

家事代行や便利家電を利用することもタイパに当たるかもしれません。

たとえば、掃除機をかける代わりにお金を払って第三者にやってもらうとか、ルンバなどの掃除ロボットを利用するというのもそのひとつでしょう。そのほか、電動自転車なども移動の短縮になりますし、調理家電を使うことで料理が楽になることもあるでしょう。これらを取り入れて、日々の仕事の負荷が少しでも軽くなるのはいいことではあります。たしかに、自分の負荷は減りますが、それに比例してお金は減っていきます。つまり頼れば頼るほど、支出は増えていくというわけです。最近、便利さにどれだけお金をかけていいのか？　がわからなくなっている人が増えているのもまた事実です。特に、お金を稼いでいる人ほどその境界線があいまいになっているように思います。

お金を使うことに慣れてしまっている

お金が貯まらない人は、お金を出すことに慣れてしまっているというか、ためらいがないように思います。感覚が麻痺しているところもあるかもしれません。「お金を貯めたい」という気持ちはある。でも、それに行動が伴っていなくて矛盾が生じているのです。

また、「どうやったら支出を抑えられるのか？」がわかっていないところもあるようです。というのも、自分にとってお金を出すことが「当たり前」になっているから、お金をかけすぎている部分に気づけないのです。

お金を貯めるためには、「ちょっと使いすぎだな」と〝自分で〟気づき、「少し支出を減らして、お金を貯めよう」と〝自分で〟決断することが大事です。誰かに「この部分の支出を削ってお金を貯めましょう」と言われてもダメ。一時的には支出が減るかもしれませんが、長続きしません。実際に自分で行動を起こし、「食費はこのくらいやるとこれだけ削れるのだ」ということを実感してはじめて、お金を貯めることに結びついていくのです。

そのためには、まず自分がお金をいくらくらい使っているのか？　に気づくことが大事です。そこからがスタートになるのです。

「お金を貯める」に軸足を置いて考えてみる

もちろん便利を追求することも大事です。ですが、お金を貯めたいのであれば、まずは「貯める」ことに軸足を置いて考えてみましょう。家事代行を利用したら、たしかに楽です。でも、お金を貯めるという観点から「お金を払ってまで、本当にそれを利用するメリットはある？」と冷静な目で見直してみましょう。**「便利＝だからやる！」の一択ではなく、「便利だけど本当に必要？」という目線を取り入れてみるのです。**それは「費用対効果」とも言い換えられるかもしれません。「お金を貯めるという観点から考えると、家事代行もいいけれど、その分を貯金に回そう。掃除は２日に１度掃除機をかけるようにしよう。夫にも少しやってもらおう」と、貯めることをメインにしながら、お金を使わずにできることを考えてみるのです。家族にも意見を聞いてみると、また新しいアイデアが出てくるかもしれません。

ココがポイント！

「便利だからやる！」から「便利だけどやる？」へ

理想の生活は絶対譲らない

1日30品目のために食費月20万円

お金を貯められない人は、自分の理想を第一に考え、それに向かって手段や方法を考えているところがあります。

Pさんは共働きですが、「1日30品目は食べる」「毎食、主菜と副菜で3品はそろえる」ことを理想としています。

仕事が忙しく、会社から帰ってからゆっくり料理をつくるヒマはないけれど、なんとか30品目、3品以上食べたい。そこで、市販のお惣菜やウーバーイーツなどの宅配に頼ることが多いです。その結果、食費は毎月20万円以上になっています。

一方、お金を貯めている人は「理想は理想」と割り切っているところがあります。「もちろん理想は1日に30品目。1食に3品あったら最高です。でも、現実問題として平日家に帰ってから3品用意するのはちょっと難しい。だったら、みそ汁を具だくさんにして1品と考え、もう1品は休日に作り置きしておいた副菜。時間がない場合はお惣菜でまかない、2品でよしとしています。また、30品目は週末など、少し時間にゆとりのあるときに意識してつくればいい、と考えているところがあります。いい意味で「妥協点」を持っているのです。

理想を天秤にかけてみる

「お金を貯めたい」「1日に30品目取りたい」「1食に3品欲しい」、でも食事を用意する時間は限られているという状態の場合、どれを最優先するか？　を考えてみましょう。そして、そのためには何をすべきか？　何をやめるか？　を考えていきます。

たとえば、「お金を貯めたい」を最優先に考えるのであれば、必然的に「お金を使いすぎない方法」を考える必要が出てきます。すると、お惣菜や食品の宅配には頼りすぎない方向になるでしょう。

お惣菜や食品の宅配に頼らなければ1日30品目が達成できないのであれば、それは休日だけにする。

このようにして、できないことをうまく捨てているのです。この場合は「30品目を用意するのはムリだから仕方がない」といい意味であきらめています。

その分、みそ汁を具だくさんにすることで時短しながら、食材を増やすという妥協案を見出しています。

「食の充実」、「便利」、「節約」を天秤にかけ、「節約」を選んだゆえの方法です。

妥協点が見つけられない

私たちのところに家計相談に来た方にまず見せていただくのが、ここ数カ月の家計簿です。

標準にくらべて高いと感じる項目には赤い丸をつけ、次にその支出を削れるか？　削れないか？　を一緒に見ながら青で書き込んでいきます。この1回目の相談で、「貯められる人か？　貯められない人か？」はよくわかります。

貯められない人に多いのが、赤丸はいっぱいついている。なのに、青いマークが全然つかないというパターンです。

客観的には削れる箇所はたくさんあるはず。なのに、本人は削れると考えていないから支出の縮小につながらないのです。

貯めたい気持ちがあったとしても、自分の中で妥協できないことが多いと残念ながら何も変わりません。

支出の「メタボ」を解消しよう

ここで重要になるのが、「メリハリ」です。

すべてのことに対して節約しなさい、縮小しましょう、と言うつもりはまったくありません。自分がもっとも大事にしていることにはお金をかけてもいいし、こだわりを持つことはいいことだと思います。ですが、すべてのことにこだわりを持つのは、「支出のメタボ」

だと思うのです。
まずは「あれもこれも」こだわることから、「これ！」はこだわる、と一点集中型にしましょう。

ココがポイント！

使うところはしっかり使う、それ以外はしっかり締める。メリハリつけてお金を管理

100％頑張ろうとしてしまう

ムリして、何でもやろうとしていませんか？

先ほど、お金を貯められない人は「あれも、これも」にお金を使おうとしてしまうというお話しをしました。逆に、お金を貯められる人はお金の使い方に「メリハリ」をつけることができるのです。

それと似ていますが、貯められる人は「自分は何ができて、何ができないか？」がわかっているように思います。「自分のキャパシティを知っている」とも言えるかもしれません。食事について言えば、たとえば「平日の5日全部食事をつくるのは難しい」ということがわかっているので、「週1日はお惣菜を利用するか外食にする」と決めています。「私は週5日、自炊を頑張ります！」「毎日、完璧に家事をこなします」と自分のキャパを考えずに頑張ろうとしすぎると、途中で息切れしてしまい、その後3日連続でお惣菜を買うことになり、かえって支出がかさむという結果にもなりかねません。５日間連続自炊が難しかったら、週１、２回はお惣菜を利用する。週１回は外食をする。パートナーに買ってきてもらう。実家の両親に頼ってみるなど、外部の力を借りればいいと思います。

「自分はどこまでできるか？」「どこからはできないのか？」を無理なく、冷静に考えてみるといいでしょう。自分のキャパを知っていたら、手を抜く場所もおのずと見えてくるのです。

お金を貯めている人のほうが、自分の「できる」「できない」がはっきりしています。だから、「私はここまではできないから、これに頼る」と潔く認めることができるのです。

そのほうが、お金の流れも見えやすくなるので、管理もしやすいでしょう。

ココがポイント！

疲れた、できない、助けて……周囲の人に言いましょう。頼りましょう

目的のためならお金はおおいに使いましょう

旅行にマイホーム……お金に「目的」をつける

私は家計の立て直しを専門で行っているので、「余分な支出を減らしましょう」と言うことが多いです。ですが、先にも少しお話ししたように、何でもかんでも縮小すればいいとはまったく思っていません。使うべきときにはおおいにお金を使ってほしいと考えています。

たとえば、「旅行に行きたい」と思ったら、計画を立てて電車や飛行機、ホテルを予約し、思い切り楽しむ。マイホームが欲しいと思ったら、自分に合った土地や家を探して家を建てる。目的のために使うべきときはしっかりと使ったほうがいいです。つまり、毎回、目的を持ってお金を使いましょうということなのです。

なぜお金を貯めるのか？　と言えば、「使いたい！」と思ったときに使えるだけのお金があったほうがいいからです。

同じく、老後には2000万円とも1億円とも言われるお金が必要だと言われています。それらは急には貯められないから、今のうちから貯めておきましょう、ということなのです。

小さな目標からクリアしていく

お金を貯める際には、目的を明確にしたほうが貯めやすいですが、もうひとつ大事なのは、大きな目標のほかに小さな目標もつくっておくことです。

お金を貯められない人は、基本的に自信のない方が多いです。点数で言えば、お金を貯められる能力40点であることを自覚しているから、「本当に自分はお金を貯められるだろうか」と思っているところがあります。そのような人にいきなり「1000万円貯めましょう」と言っても、「いや、それはムリムリムリムリ!」とあきらめが先に来てしまい、やる気が起こらないと思うのです。

そこで、**小さな目標を少しずつ積み重ねていくのです。小さな成功体験を積み重ねて、自信をつけていく作戦です。**小さな目標をひとつクリアするたびに、「私はお金を貯められるのだ」という気持ちが少しずつわいてきます。

たとえば、野球の試合もそうですよね。「優勝を目指す！」という大きな目標のほかに、まずは「毎回打席に立って打つ」という小さな目標があるはずです。打席に立たなければ、ヒットもホームランも打つチャンスすらありません。まずは打席に立つ。そして、打つ。それをなくしてはチームは勝てないし、優勝にも手が届きません。大きな目標を立てることももちろん大事です。ですがそれより先にまず打席に立って、ホームランをねらうのではなく、ヒットを打つ。目の前のことを一つひとつクリアしていくうちに、小さな自信が積み重なり、自然といい結果が生まれてくるのです。

小さな目標は３カ月を１タームにして考えるといいでしょう。

目標内容はどのようなことでもかまいません。毎月赤字の家計なら、「１カ月の収支を黒字にする」でもいいでしょう。「食費を見直す」「水道代を見直してみる」「電気代を見直してみる」など、項目ごとの目標を立てたほうがやりやすいかもしれません。

次は、その目標を達成するために具体的にやることを考えます。水道代を見直すなら「月にどのくらい使っているのか？　明細書を見直してみる」「アンペア数を確認する」などです。

次に、水道代の平均を計算し、その数値より高い場合には3カ月をめどにまずは1割減を目指しましょう。それができたら、次の3カ月でさらに1割減に挑戦です。こうして、標準に近づけていきます。

食費もやはり、まず月にいくら使っているか？　を確認します。過去の実績を調べてもし食費に毎月1万5000円使っていることがわかったら、次の3カ月以内にそれを1万3000円にしてみよう、と目標値を設定し、それに合わせて気をつけてみます。

小さな目標は3カ月を1タームにして考えます。1カ月ごとに「できた」「できない」と一喜一憂するのではなく、1カ月目がダメでも2カ月目で挽回し、3カ月目でクリアできたらOKです。こうして、小さな成功体験を積み重ねていくのです。こうして3カ月ごとに「小さなゴール」をつくり、一つひとつポイントを設けると、自然と行動すべきことが見えてきて動きやすいです。

誰にでも貯める力はあります

お金を貯められない人は、そもそも「自分はお金を貯められないし」と思い込んでいるところがあるように思います。

「お金ないし」「稼いでないし」と貯められない理由を列挙して、「だからできない」と思い込んでしまうのです。

はっきり言って、やり方次第で誰にでも貯める力はあります。ですから、自分は貯められるのだ、という自信をつけることからはじめてみましょう。

ココがポイント！

この３カ月間でできる小さな目標を立ててみよう

貯金額や給与額、言えますか？

さて、質問です。

今、どのくらい貯金があるか答えられますか？

そのように聞くと、「……」と答えに詰まる方がいます。

別に毎日チェックしましょう、とか１円単位で把握しておきましょうと言うつもりはまったくありません。ですが、せめてだいたいの貯金額や資産についてはわかっていたほうがいいでしょう。「貯金口座はＡ銀行で○○円くらいある。投資信託はＢ証券で買っていて、約○○円」というのがわかれば、だいたいの資産を割り出すことができます。繰り返しになりますが、現状がわからないと対策も取れません。

振込日、知っていますか？

さらには、給料が毎月何日に、いくら振り込まれるのか？　がわかっていない人もいます。

いずれも、すべての買い物をクレジットカード払いにしている方に多いです。知らぬ間に給与が入り、カードで買い物をしたら知らない間に引き落とされて……を繰り返すパターンです。以前なら紙の給与明細をもらうのでイヤでも給与額が目に入りましたが、最近は電子版であることが多いので、わざわざ見ようと思わないと見ないことになります。「給料日まであと何日！」とカウントダウンする必要がないということを考えると、お金に余裕があって、家計もやりくりできているのかもしれません。ですが、せめて給料日くらいは覚えていて、その日には銀行口座の残高を見たり、通帳記入をしたりして、入ってくる金額くらいは把握しておきましょう。

家計の締め日をつくる

また、家計の締め日が決まっていない人も、同じく収入の額などを把握していない場合が多いです。家計簿をつけていたり、お金の流れを見ていたりする場合でも、〝なんとなく〟管理していると給与日をあまり意識していません。繰り返しになりますが、やはり収支は「月単位」で確認することが大事です。たとえば、月末を締め日と考えて、1～30、31日までの1カ月の収支を考えた場合、必ずどこかのタイミングで給与、引き落とし日が発生するはずです。その流れをしっかり把握しておくことで、もっと貯められる可能性は十分にあります。

たとえば、共働きで共同の口座にお金を入れているけれど、お互いの収支にはタッチしていないというケースもあります。カードの引き落としは毎回問題なくされていて、今のところは特に問題はないという場合でも、お互いが何にいくらくらい使っているかなどのお金の流れを知ることでもっと貯められる可能性があるのに、それをムダにしている場合もあります。

また、給料日を意識する、ということは、先にお話しした「お金に興味を持つ」ということにもつながるかもしれません。自分のお金まわりを今一度意識して見直してみましょう。

ココがポイント！

給料日、引き落とし日、貯金残高は忘れずに

第3章

ムリせず「貯める」人に なるために、今から やっておきたいこと

正しく知る ①保険

思い込みや偏見で決めつけない

では、ここからはムリなくお金を貯めるためにやっておきたいことをお話ししていきたいと思います。

そのひとつが、「自分で調べて、正しく知る」です。

たとえば、保険。「保険料は高い」「保険なんかいらない」とか「いやいや、老後や何かあったときのために保険には加入しておいたほうがいい」など、いろいろな意見があると思います。

よく、「先生、保険は加入したほうがいいのですか？」と聞かれます。

答えは、「半分はYesで、半分はNo」です。

というのも、その人の家族構成や環境、資産、それからご本人がどうしたいか？　など

の意向によって必要かどうかは変わってくるからです。つまり、**「必要な人もいるし、不要な人もいる」というのが正解です。**

ある人は、「万が一、夫が亡くなったら経済的な不安はあるし、入院になったら高額な医療費を払うだけの金銭的な余裕はない。だから必要経費として生命保険に加入していますす」と言います。資産状況や家計状況によっては十分ありだと思います。

けれど、それが誰にでも当てはまるわけでもありません。また、保険が必要だとしても、必要な保険商品は異なってくるでしょう。

個々の状況をまったく考えず、なんとなくの知識で「保険のおばちゃんが来るやつだよね。そんなの必要ない」。ひいては「保険は悪だ！」と断じるのは早計なのではないかと思うのです。もちろん、入らないほうがいい商品もたくさんあります。でも、保険が全部悪いわけではありません。

まずは「概念」を知ることから

とはいっても、専門的に詳しく調べる必要はありません。深く探っていくとどんどん難しくなるばかりです。もちろん興味があればいいですが、そうではない場合、イヤになってしまうかもしれません。ですから、あくまでも基本的な概念の部分だけで大丈夫です。

たとえば保険なら、

- **保険には貯蓄型と保障型の2つのタイプがある。**
- **貯蓄型は今はあまり増える商品がない↓だからここでは考えなくていい。**
- **保障型には生きているときの保障と死んだ際の保障がある。**
- **生きているときには公的な保障として、健康保険制度や高額療養費制度もある。**

などです。

今はネットで検索すると、基礎知識などはたくさん出てきますし、本も数多く売られています。

ここでひとつぜひやってほしいことがあります。それは、**立場の違う人が書いたブログや記事を複数読むということです。**たとえば、保険会社の人（保険は必要だと考える人）が語る保険についてと、「保険は不要だ」という側の人が語る保険について読み比べてみましょう。投資についても同様です。証券会社、ファイナンシャルプランナーや投資家など、異なる立場の人の意見を聞いてみましょう。

たとえば、私はファイナンシャルプランナーという立場からよくお伝えしているのは、**生命保険の役目は、万が一を保障するためのものなので必ずしも加入する必要はないし、それに100％頼る必要はないということです。**

宝くじは当たったらうれしいけれど、保険はそれと反対のようなものです。生命保険における「当たる」とはつまり、保険金が下りることです。そのためにはケガや病気になる必要があります。できれば当たらない（使わない）でいきたいですよね。それが保険です。

病気や事故などで入院や手術が必要になった際、その分の資金が払えるのであれば、別に生命保険に加入する必要はないと思うのです。その貯蓄がない人は加入しておいたほうがいいでしょう。

また、「医療費を全額保険で補おう」とする必要は必ずしもありません。それをしようとすると、必然的に毎月支払う保険料も高くなるからです。いつ必要になるかもわからないもののために毎月支払いをし、そのために家計が苦しくなってしまっては元も子もありません。保険は医療費の半分程度をカバーできればいい、と考えることもひとつの方法だと思っています。

一方、保険会社に勤務する人は、「万が一に備えて、保険は絶対に加入しておいたほうがいいですよ。ただし、自分に合った保険を選ぶことが大事です」というような意見があるかもしれません。このように、異なる視点からの意見を比較してみることが大事なのです。

自分事として当てはめてみる

いくつかの記事を読んだら、自分はどちらの人の意見に賛同できるか？　「なるほどね」と思えたか？　を考えてみましょう。そして、自分の生活に照らし合わせたうえで、最終的に〝自分にとっては〟それが必要か不要か？　を判断するのです。

まずは客観的な意見、一般的な考えを知り、それを「自分事」として自分の場合に当てはめて考えてみます。

先の保険の例で言えば、次のようなことがわかりました。

・保障型には生きているときの保障と死んだ際の保障がある。
・生きているときには公的な保障として、医療保障制度や高額医療制度もある。

では、それを「自分の場合」に当てはめて考えてみましょう。

たとえば自分が病気になった場合、自己負担はどのくらいになるか？　を割り出すことができます。そのとき、

・では、ガン保険は必要か？
・死亡保険はどうするか？

などの疑問も生まれてくるでしょう。独身の方なら、「今、亡くなったとしても、お金に困る人は特にいないから死亡保障はお葬式代程度でいいだろう。結婚して、子どもが産

まれたときにもう少し金額を上げよう」などと考えるかもしれません。妻子を持つ方なら、「先に自分が死んだら、妻子の生活が困るだろうから、死亡保険は少し手厚くしておこう」と思うかもしれません。

このようにして、考えをすすめていきます。

決断する

そこまで考えたら、自分は「これとこれに加入しよう」と決断することもできるのではないでしょうか。もしくは「今は加入しないけれど、このタイミングで入ればいい」と思える場合もあります。全肯定でも全否定でもなく、自分に合ったものだけチョイスしていく。もしこの段階でわからなかった場合には専門家に聞くのもありです。「ここまで考えたのですが、その先はどうすればいいでしょうか?」とたずねてみましょう。保険に加入するからと、保険募集員さんに丸投げするのではなく、ある程度自分で調べて、自分の意見を相手に伝えることで、自分により合った商品を手にすることができるはずです。

ココがポイント！

保険は調べて、自分事に当てはめ、決断する

正しく知る②投資

入口は低くていい

投資も同じく自分で正しく知るということを行いましょう。「投資なんか危ないから絶対に嫌」「投資は博打のようなものだからやめたほうがいい」と言う方もいます。もちろん、「投資をやらない」という選択をするのもいいと思います。でも、その前に投資について少し知ってほしいのです。投資にはどのような種類があるのか？　どのようなメリット、デメリットがあるのか？　その方法は？　など、おおまかにでも知っておきましょう。

まずは、先入観、偏見、固定概念のようなものはすべて取っ払い、一度、フラットな状態で投資を知ることからはじめましょう。

そもそも、投資信託とは何か？　を知っていますか？　ｉＤｅＣｏ、ＮＩＳＡという名前は耳にするかもしれませんが、どんなものかについても自分なりに調べてみましょう。

また、投資の場合も投資家の方、証券会社の方など、さまざまな立場の人がその必要性について述べていますから異なる立場の人の意見を比較してみましょう。

自分事としてあてはめてみる

いくつかの意見を聞いたら、その中で「自分に合いそうだな」「これならやってみたいな」と思える方法を選んでみましょう。というのも、たとえば同じ投資でも少額をコツコツ貯めていくタイプもあれば、何千万円、何億円ものお金を１秒単位で動かしている人もいるからです。

ちなみに、私は少額をコツコツ貯めていくタイプです。

以前、株で46億円を稼いだという投資家の方と対談する機会がありました。取材が終わった後に、「(技術的な話について)おっしゃっていることはよくわかりました。ですが、実際には私にはなかなか難しそうだな、と思えることもありました。一体、どうしたらずっと勝ち続けることができるのですか？」と聞いたことがあります。

すると、その方は最後にこう言ったのです。「おそらく、自分には博打的な才能があるんだと思います」。つまり、そのレベルに到達するには、技術だけでは不十分で、特殊な能力が必要だということです。たしかに、その人は「考えるより感じましょう」「日経を感じましょう」「チャートが喜んでいるのがわかる」と言っていましたが、私は感じることができませんでした(笑)。

こういった大物投資家の人たちに憧れて、「脱サラして自分も同じ立場になる!」とその世界に飛び込む人も実際にはいるようですが、自分の生活に当てはめて考えてみると、その人の真似をしたところで博才のない人には難しいように思います。つまり、自分事として当てはめられることを知る、というところが大事なのです。

投資を知ったら、少額からスタート

「このようにして増えていくのだな」という投資の仕組みが少しだけわかったら、次に3000円でも5000円でもいいので少額からはじめていきましょう。自分で実際に口座を開設し、運用していくうちにいろいろと気づきも出てくるはずです。詳細については拙著『はじめての人のための3000円投資生活』などを参照してください。

投資に対する信頼度が上がってきたら、少し金額を上げてみてもいいでしょう。このように、一気にやろうとするのではなく、一歩一歩自分のペースで進めてみましょう。

投資途中で訪れる、数々の誘惑

ところで、投資を行っているときには、数々の誘惑が訪れることがあります。経済的な面で言えば、子どもの受験があってまとまった金額が必要になったから解約したほうがいいかも……というのがひとつです。それを極力避けるために、私はお財布を3つに分けることをおすすめしています。「使う」お金、「貯める」お金、「増やす」お金をつくり、増やすお金には手をつけないよう、「貯める」お金でガードするのです。

また、メンタル面での誘惑もあります。

「全然増えていないけれど、本当に大丈夫なのだろうか」「個別株をやったほうがいいのか?」「FXをやっている人は大きく儲けているみたいだから、賭け替えようかな」「金を買ったほうがいいのかしら」などの迷いが出てくる場合もあります。そのとき、心の支えになるのが、先の知識です。「自分はこのやり方でやっていく」という方針が確立されていたら、揺るがずに「もうちょっと待ってみよう」と踏みとどまることができるのです。

投資――5年は辛抱

ちなみに、**投資ははじめたら5年間は辛抱です。株価は上下しますから、はっきり言って5年間はさほど増えません。**ときには元本割れする場合もあるでしょう。ですが、**それを乗り越えると複利の作用が働いて、雪だるま式にゴロゴロと資産が増えていくのです。**株価の流れみたいなものも知っておけば、「いつかは上がる」と安心して待っていることができます。その知識がないと、「どうしよう、株価が下がってしまった……」と焦り、株価が下落したときに売りに走ることもあります。

ココがポイント！

投資は「知る」「実行」「辛抱」の順に

お金を3つに分けて考えよう

先にも少しお話ししましたが、お金を貯めるために必要なことのひとつにお金を分けて考えることがあります。

具体的には、使うお金、貯めるお金、増やすお金の3つに分けて考えます。ここでは、ひとつずつ詳しく見ていきたいと思います。

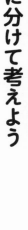

使うお金

使うお金というのは、日常生活に必要なものを買うためのお金で、生活費、光熱費、住居費、通信費などのことです。基本的には手取りの1・5カ月分の生活費を入れておくといいでしょう。手取りが月30万円の方なら、45万円を入れておきます。

生活費を1・5カ月分と、月の手取りより0・5カ月分多く置いておくのには理由があります。1カ月の収入内でやりくりするのが基本ですが、ちょっとしたことで支出が増え、1カ月分を越えてしまうこともときにはあるでしょう。そのようなとき、毎回「貯める」お金の口座からお金をおろすのは手間ですし、よくありません。そこで、多少の幅を持たせておくのです。1カ月分を超えて使用した場合には、次の2カ月以内に調整し元に戻しておきましょう。常に1・5カ月分ある状態を保つようにするのです。

貯めるお金

貯めるお金は、すぐには使いませんが入院費や子どもの受験費用、入学金、授業料、車検代など、日々の生活費以外でイレギュラーに必要となる、少しまとまったお金を置いておきます。今から3年以内に使う予定のお金もこの貯めるお金に含めます。

目安としては手取りの6カ月分。自営業の方は1年分あるといいでしょう。手取りが30万円の方の場合、180万円です。

増やすお金

手取り30万円の方の場合、使うお金45万円と貯めるお金１８０万円で、ここまででトータル２２５万円です。**これに満たない方の場合は、まだ投資はせず、「貯める」お金を増やすことを考えましょう。**

手取りの１・５カ月分（使うお金）＋少なくとも手取りの６カ月分（貯めるお金）以上の金額がある方は、これ以上現金で置いておいても仕方がないので「増やす」お金をつくりましょう。ゆっくりと投資を勉強しながらやっていくのです。

増やすお金は文字通り、投資信託などで運用してお金を増やす専用で、３年以上使わないお金です。基本的には老後の資産用として、毎月積立投資信託で運用していきます。

この口座は急には現金化することが難しいです。「どうしても」という場合には売却して現金化することは可能ですが、4日から1週間程度かかります。また、株価の変動によって評価額が上下するので、売却するタイミングによっては買ったときよりも金額が下がることもあります。この「増やす」お金に手をつけるのは、本当の最終手段と考えましょう。

使うお金、貯めるお金の金額がきちんと設定できていると、自分が今、投資をしていい時期なのか？　現金はどのくらい持っていればいいのか？　が具体的にわかります。

とはいっても、厳密に手取りの7・5カ月分貯まっていないと、投資をしてはいけないというわけではありません。もし、7・5カ月分が貯まるまでに時間がかかるようであれば、貯めるお金を貯金しながら、並行して投資を少額でやっていくという方法もあります。

ココがポイント！

使うお金は手取り1・5カ月分、貯めるお金は最低6カ月分、それ以上は増やすお金で運用しよう！

支出を3つに分けて考えてみる

次に、支出も3つに分類することができます。消費、浪費、投資です。これを考えて仕分けしていくことで、お金の使い方を振り返ることができます。ムダなお金の使い方を減らし、意味のあるお金の使い方だけを残すことができるのです。

消費

消費というのは、日常生活に欠かせないもののために使うお金です。具体的には、食費、水道光熱費、住居費、教育費、交通費、衣料費などがこれに当てはまります。

浪費

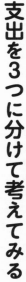

浪費は日常生活に必ずしもなくてはならないものではないけれど、あるとうれしいもので、「ムダ遣い」ともいえます。たとえば、タバコや酒や趣味で買った洋服やバッグ、アクセサリーや、目的のない外食なども浪費に分類されます。また、食べるつもりで買ったのにムダにして捨ててしまった食材は消費ではなく「浪費」です。

投資

投資は、自分が将来役立つことに使うお金。実際に資金を残すために運用する投資信託などのほか、自分の知識や教養、人脈を構築するための本やセミナー代、会食代、お稽古代なども自己投資としてここに分類されます。

お金を貯めている人が守っている、この3つの理想的な「黄金比率」があります。それは、消費70%：浪費5%：投資25%です。この割合は、お金を貯めている人をもとに独自に割り出しました。

お金の使い方にこのように色をつけることには意味があります。自分のお金の使い方を振り返ることができるのです。自分では消費のつもりで買ったけれど、よくよく振り返り、考え直してみたら浪費だったということがよくあるからです。

たとえば、

・まだ家に在庫が残っているのに、「安いから買っておこう！」と買ってしまった

・「もしかしたら使うかも」と思って買ったけれど、実際にはあまり使わなかった調理用具

・セールだからと買ったものの、１回しか着なかったセーター

・駅のホームで電車を待っている間につい自動販売機で買ってしまう飲み物

・「ちょっと一杯行く？」と同僚と居酒屋を訪れた飲食代

なども浪費に当たるかもしれません。浪費がすべて悪というわけでは決してありません。心の潤滑油として必要な場合も多々あります。

お金を使ったときに、「このお金は消費、浪費、投資のうちのどれか？」を考えておきましょう。また、振り返りをする際に、その振り分けが正しかったか？　についても見直

してみるといいでしょう。２回チェックすることで、お金がどのような使われ方をしたかをしっかりと確認することができるはずです。お金の流れの「見える化」にもつながるかもしれません。

ココがポイント！

消費、浪費、投資……お金を使ったときと振り返りのときに見直してみよう

毎月の家計を黒字に

資産全体ではなく、毎月の家計を見る

第1章で、お金を貯めている人はお金の流れが非常にシンプルだという話をしましたが、お金の流れが見えないと、自分の資産が今いくらで、どのくらい増えているのか？　減っているのか？　もわかりませんから、対策の立てようもありません。

よく、資産全体を見て、「うちには今３００万円あるから、10万円の買い物も余裕でできます」と躊躇なく大きな買い物をする方がいます。けれど、よくよく見てみると月の家計は毎月赤字。ボーナスで補填されて年間は黒字が保たれているという場合もあります。ボーナス頼みで家計を黒字にするのは少々キケンです。ボーナスが出ているときにはいいですが、ボーナスが出なくなったり、ボーナスが今より少額になったりした場合、一気に家計は赤字になるからです。

私たちがいつも言っていることに、「毎月の家計が赤字か？　黒字か？　を確認するところからはじめましょう」があります。

毎月の家計が赤字なら、まず黒字に持って行くことからはじめる（①現状分析）。黒字なら、いくら黒字かを見ます。その金額によって、いくら投資できるか？　いくら貯金に回せるか？　が変わってくるからです。そして、具体的な投資額を決めていきます。1万円の黒字の場合、それを積み立てただけで将来間に合うか？　月5万円の黒字にしないと老後の資金が全然足りないという場合もあるでしょう。その場合には、徐々に黒字額を増やすことで投資額を増やすという方法が必要になります（②対策）。これらは決まったらあとは実行あるのみです（③実行）。

これを繰り返していきます。時折振り返り、再度現状分析を行います。そして、それに合った対策を考えます。そして、修正案を実行です。

ココがポイント！

①現状分析　②対策　③実行　の順にやってみよう

子どものお小遣いもキャッシュレスの時代!?

お小遣いは家族カード

最近相談に来た方の話で、「時代は変わったな」と思ったのが、大学生の子どもにお小遣いとして「クレジットカード」を渡しているということです。子どもが使った分を親が決済するというのです。今の大学生は現金を使わないので、渡されても困ると言われるそう。学校で使うテキストやノートは基本カードで購入するそうです。

親もキャッシュレス決済を利用することが多くなり、お財布に現金が入っていないことも多いのかもしれません。たしかに、突然「テキスト買うから５０００円ちょうだい」と言われても現金の持ち合わせがないこともあります。そのような場合、「カードを使っておいて」と言ったほうが楽です。もちろん、子どもがしっかりしていたら、本当に必要なものを買うときにだけカードを使うかもしれません。ですが、そうでなければいくらでも使えてしまう可能性があるのがこの方法の怖いところです。

現金VS.電子マネーでお金の使い方にこんな差が！

以前、あるテレビ番組でこんな実験をしていました。ふたりの子どもを駄菓子屋さんに呼び、ひとりには現金1000円、もうひとりにはキャッシュレス決済1000円分を渡しました。現金を手にした子は、1000円から逆算し、予算内にピッタリおさまるよう計算しながら商品を選んでいました。一方、キャッシュレス決済の子は、好きなものを取ってお会計に。案の定、予算をオーバーし、お会計で商品を戻していました。このように、現金を持ったほうが自分でやりくりをする習慣がつくように思います。それはお金の感覚を養ううえで非常に重要なことだと思うのです。

ですから、多少不便かもしれませんが、お小遣いは毎回決まった金額を現金で渡すことをおすすめします。

ココがポイント！

現金で「お金を使う」感覚を味わおう

お金を使わない「ゼロ円デー」をつくろう

お金がなくても過ごせるという体験を習慣化しよう

毎日の暮らしの中で、「いつの間にかお金を使っていた」ということはありませんか？特にキャッシュレス決済が普及してからは、たとえば、自動販売機で「ピッ！」とタッチすればたとえお財布を持っていなくても簡単にドリンクが手に入ります。お財布の中身は減っていないので使った感覚はないかもしれませんが、実際には確実にお金が減っています。少し時間があるからと立ち寄ったコンビニなどでもそうです。買うつもりはなかったのに、気づいたら買っていたということがあるでしょう。そういった、「なにげないお金の使い方」を少し減らしていきましょう。

そこで、おすすめしたいのが「ゼロ円デー」です。

1週間のうちでお金を1円も使わない日をつくるのです。コンビニ、スーパー、本屋、ショッピングモールなど、お金を使うところに行くと、ついお金を使ってしまいます。「お茶を買うつもりで立ち寄ったはずなのに、新作のお菓子を見つけて買ってしまった」ということはよくあります。そうなることはわかっているので、お金を使うところには立ち寄らない日とも言えるかもしれません。

飲み物はあらかじめ水筒に入れ、ランチはお弁当を持参しましょう。立ち寄るなら、お金のかからない公園や図書館などを選ぶといいですね。

まずは週1回からはじめ、少し慣れてきたら、週2回、3回と「ゼロ円デー」を増やしていきましょう。

Wさんは、平日のうち実に週4日はお金を使わないといいます。昼はお弁当、夕食の食材の購入はほぼ日曜日に済ませておく。足りないものがあれば、1回スーパーで買い足す程度です。お財布を持ってオフィスに行くのも週2回程度だといいます。定期券さえあれば問題ないから、今ではそれが当たり前になっているそうです。

たまに会社帰りに「今日どこかに飲みにいかない？」と誘われて行ったら「あれ、お財布がない……。そういえば、家に置いてきたんだった！」と気づくこともあるといいます。

そこまでいかなくても、お金を使わないでも過ごせる流れをつくっておくといいですね。

週末は買いだめ、作り置きデーに

週末の時間があるときに、平日に使いそうな食材を買っておく。下処理や作り置きをしておくと、仕事で疲れて帰ったときでも、お惣菜は宅配に頼ることなく食事がとれます。

慣れるまではきついと感じるかもしれませんが、そのリズムが習慣化されるとそれが当たり前になり、つらいと思わなくなります。ジムで運動するのと似ているかもしれませんね。

最初のうちはわざわざジムに通って、運動するという意識ですが、慣れてくると、ジムに行って運動するのが当たり前で自然なことになり、それをしないとかえって気持ち悪く感じると言います。それと同じで、慣れてくるとお金を使わないことが自然で当たり前のことになり、つらいと感じなくなるのです。

まずは平日に「ゼロ円デー」をつくることからはじめてみましょう。

使ったつもりで「つもり貯金」

お金を使ったつもりで「つもり貯金」をしてみるのもいいでしょう。たとえば、最寄り駅までいつもならバスに乗っていたとします。それを自転車に替えてみます。バス代が片道200円、往復で400円だとしたら、その分を「つもり貯金」として貯金しておくのです。

ココがポイント！

お金を使わないで過ごす習慣をつけよう

お金を使わない休日の過ごし方

読書、大掃除、ネット三昧……あなたなら何をする？

お金を使わない日をつくりましょう、という話をしましたが、休日の過ごし方も同様です。お金を使わない休日の過ごし方もぜひ考えてみましょう。

お金を使わないことはネガティブなことでは決してありません。家に一日こもっている日があってもいいのではないでしょうか。

そこで、好きなことをやってみる。読もうと思って買っておいた本を読む、絵を描く、ネットで好きな映画やドラマを観る、家の片づけをする、家の庭掃除をするなど。普段できないことをやってみるのはどうでしょう。ある方は、家を片づけていたら、使っていない預金通帳が出てきたそうです。思わぬご褒美ですね。

テレビをつけていると、動かなくなってしまうので、テレビを消して作業するほうがはかどるそうです。省エネにもなりますね。

連休や夏休み、冬休みなどの長い休みはどこかに出かけなければ……という人がいますが、出かけるとなるとなにかとお金がかかります。交通費や宿泊代、食事代にお土産代、どこかを訪れたら入場料などもかかります。それに、連休は観光地はどこも混んでいますよね。私も「孫に会いに行こうかな」と考えましたが、ゴールデンウィークに渋滞に巻き込まれてえらい目に合ったので、二度と同じ目にはあいたくない。次の連休は家にいよう！と決めました(笑)。

「お金を使わないと楽しめない」から発想を転換してみると……

まとまった休みがあったとき、「なのに、どこにも出かけられなかった……」と残念がるのはお金の貯まらない人の思考です。「じゃあ、家でゆっくりして、ちょっといい肉でも焼いて食べようか。そのほうが混んだ場所に行くよりも楽しめるよ」と考えられるのが、お金を貯められる人の思考だと思います。

私がここで言いたいのは、**「お金を使わないと楽しめない」という発想を少し変換してほしいということです。**家でお金をかけなくても楽しめることを考えてみるのです。たとえば、キャンプに行ったとき、ライターを忘れたら別の方法で火をおこそうと考えますよね。「今日はライターがないから、火をおこせないな。暗いけれど我慢しよう」で終わりにしたりはしないはずです。

お金を使わなくてもできることはたくさんあります。

Uさんは、家にある道具を使って、家で流しそうめんをやりました。子どもが小さい頃使っていた小さなすべり台をお風呂場に持って行き、きれいに洗ってゆでたそうめんを上から流して子どもたちと一緒に「オリジナル流しそうめん」を楽しんだそうです。子どもたちも大喜びで、いつも以上に食が進んだといいます。

ほかにも、ネットで検索して家でできる遊びやちょっとしたアクティビティを探してみてもいいですね。

ココがポイント！

お金を使わなくても、家で十分楽しめます

家計簿より効くお金の流れを知る方法

2カ月遅れの家計簿より家計簿アプリを

よく「家計簿はつけたほうがいいですか？」と聞かれます。つけたほうがいいかどうか？で言えば、もちろんつけたほうがいいでしょう。ですが、たいていの方は細かくつける作業はあまり好きではないと思います。

家計簿の目的は、「お金の動き」を見るためです。だから、毎日のようにつけてこそ意味があるものです。まとめて書き込んだところであまり意味がありません。

ですから、「お金を使ったらこまめに書き込みましょう」とお伝えしています。

先日いらしたQさんは、２カ月遅れで手書きの家計簿を提出されました。手書きがめんどうなのかと思い、「アプリやエクセルを使いませんか？」とおすすめしたのですが、「手書きのほうがいいんですよね」と頑なに変えようとしません。

手書きをおすすめしているのは、自分で書くことで記憶することが多いからです。でも、それより重要なのは「新しい情報」「今のお金の流れ」を知ることです。

「今週いくら支出したか？」を把握するだけでいい

また、嫌いなものを無理して一生懸命やるのは決していいことではないし、続かないと私は思います。もちろん、食費の中でも、お惣菜にいくら、調味料にいくらなど、徹底的に家計の内容をチェックし、洗い出したい場合には必要な作業となるでしょう。ですが、そうでない場合は、もっとざっくりいきましょう。

どこにお金が流れているか？　を把握するつもりでいいです。どのお店でいくら使ったか？　を見るだけでも、だいたい何を買ったかは把握できるのではないでしょうか。

先にもお話ししましたが、あまりお金の出入りに神経質にならず、「ときには出費もあるよね」くらいの柔軟性を持って取り組んでいただいたほうが長続きするし、メンタル的にも負担が少ないでしょう。

また、いくらきっちりと家計簿をつけようとレシートを1枚1枚チェックしながらやっているつもりでも、不思議と誤差は出ます。別に銀行でお金の管理をしているわけではないので、1円単位で合わなくても大丈夫です。

1週間に一度振り返って、「今週はちょっと食費を使いすぎたな」とか「今週は日用品をまとめ買いしたから支出が多かったな」がわかればいいのです。それを知ることで、来週は少し支出を抑えめにしてみる、家にあるものでやりくりしてみる、と心がけてみましょう。そういった、ちょっとした行動の変化が大事です。

家計簿アプリを空き時間に

ここまでお話ししてきましたが、家計簿についてはそこまで構える必要がありません。ですから、手書きの家計簿にこだわらず、家計簿アプリの利用でも十分だと思います。レシートの画像を撮ると明細を入力している機能がついているものもありますから、家に帰って、今日一日のレシートをまとめてパシャパシャと写真におさめれば、データを読み取って入力してくれます。最近のアプリは読み取り機能の精度も高くなっているので便利です。とはいっても、やはり種目をつけるなどの作業は多少発生しますから、内容を見直すことはできるでしょう。

手書きの家計簿が続かないという方には、「とりあえずレシートの画像を撮りましょう！」と伝えています。実際、写真を撮るのはハードルが下がるようで、「これなら続けられます」という方も多いです。先に２カ月遅れで手書きの家計簿をつけた方の話をしましたが、それならより簡単なアプリを使って記入したほうが負担にならなくていいのではないでしょうか。

ココがポイント！

家計簿をがっつりつけるより、お金のざっくりした流れを把握しましょう

繁忙期を事前に把握しておく

忙しい時期はお金が出やすい時期

先ほど、1カ月単位の支出スケジュールをなんとなくわかっているといい、という話をしましたが、1年の中で仕事や行事などで忙しくなる時期は支出も増えやすい傾向にあります。たとえば、時間がなくて洗濯物を干せないので乾燥機を使う（電気代、ガス代が増える）とか、会社のプロジェクトが佳境で帰りが遅くなるため、お惣菜を買う機会が増えるなどです。もしそれを事前に把握していたら、たとえば……

・お惣菜を買って帰らなくて済むよう、週末に冷凍食品を多めに買っておく
・夫の帰りが遅くなり、子どもとの外食が増えそうなら、予算を少し上乗せして取っておく

などの対策を練っておけば、いざ支出を見て、「食費がすごく増えてしまった！」とあわてることもありません。

2、3カ月先に目を向けてみる

少し先の予定を考えて、少し準備をはじめておくといいでしょう。「早期割引」などをやっているところは意外と多いです。

たとえば、旅行もそのひとつ。早めに予約するとホテルや旅館も安くなる場合も多いですし、飛行機や新幹線なども早割が利用できますね。直前になるにつれて高くなることはよくある話です。

「今度の連休は、断捨離をしよう」と考えたら、以前にリサイクルを予約するとか捨てるための箱を用意しておくなどの準備ができるでしょう。夏に冬物をクリーニングのうえ保管してくれる、保管付きクリーニングなどは、早めに申し込むと2割引きになったり、2、3枚無料でクリーニングしてもらえたりするキャンペーンを行っています。冬休みに旅行に行くことがわかっている場合には、セール期間中にキャリーバッグを用意しておくということもできるはずです。

2、3カ月先に何があるか？　何をすべきか？　をおおまかにでも考えておくと、必要なものを安いときに買うことができます。余裕を持って事を運ぶことができるでしょう。

TO DOリストをつくっておこう

とはいっても、「毎日のことに一生懸命で、3カ月先のことまで頭が回りません」という方もいらっしゃるでしょう。そのようなときには、移動中の電車を待つホームで、車で信号待ちをしているとき、仕事の合間などのすき間時間に、欲しいもの、これから必要になるものなどを書き入れておきましょう。「すぐに必要なもの」には☆（星）マークを、あと1、2回でなくなるからそろそろ欲しいというものには、△マークをつけておきましょう。

ココがポイント！

TO DOリストで少し先の予定も先取りを

ムリは禁物。今のうちから少しずつ練習を

習うより慣れろ

何をするにも、突然、極端にやりすぎるのは禁物です。ダイエットと同じで、無理してつらい思いをしてまでお金を貯めようとしても決して長続きしません。また、ある程度の年齢になってから突然節約をはじめても精神的にも肉体的にもきつく感じるだけでしょう。生活レベルは急には下げることができませんし、歳を取ってからはなおさらきつく感じます。できれば、若いうちから少しずつ慣れておくことがいいでしょう。「ダウンサイジング」という言葉がありますが、少しずつコストダウンし支出を縮小していくことで、年金生活になって収入が減ってもあまりあわてることはなくなります。

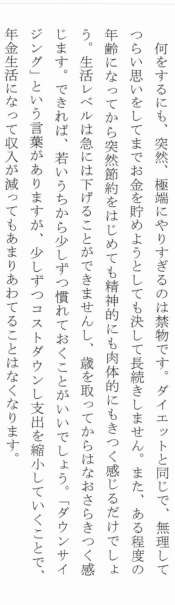

突然の節約で体を壊すことも……

Uさんは、60歳を過ぎてから節約をはじめることにしました。

これまでは、どこに行くにもタクシーを利用。おいしいものも好きでお取り寄せもよくしていました。ひとり暮らしですが食費には月5、6万円はかかっていました。この生活を刷新させようと考えたのです。

まず、タクシー利用をやめて、バスを使うことにしました。シルバーパスが支給されているので0円です。また、食事も控えるようにしたといいます。

ところが、慣れないバスを乗り継いで出かけるようになったからか疲れがたまるばかりで、足を痛めてしまいました。また、食事も節約しすぎたからか最後には体調を崩してしまったというのです。Uさんは「食費を抑えた」と言いますが、それでも月4万円はかかっています。要は慣れではないかと思うのです。もう少し若い頃から、バスや電車などの公共機関を利用して移動することに慣れていたら、体調を崩すほど苦しくはなかったでしょう。また、食事についても若いうちからたまには一日1食にするとか、粗食を経験していればよかったように思うのです。

なんでも早めに、少しずつ経験しておくことが大事です。

今のうちからたまにやって、それが習慣化されたら、きつくも厳しくも感じないでしょうし、体にも負担がかからないはずです。

ココがポイント！

お金も生活も、無理せず、楽しく続けていこう

横山光昭（よこやま・みつあき）

家計再生コンサルタント。株式会社マイエフピー代表取締役。

お金の使い方そのものを改善する独自の家計再生プログラムで、家計の問題の抜本的解決、確実な再生をめざし、個別の相談・指導に高い評価を受けている。これまでの相談件数は24,000件を突破。

著書は、シリーズ累計90万部超の最新作『はじめての人のための3000円投資生活 新NISA対応版』や『年収200万円からの貯金生活宣言』を代表作とし、計171冊、累計390万部となる。TV、ラジオ等の出演も多数。

編集協力：柴田恵理
組版・本文デザイン：松岡羽

お金《かね》を貯《た》められる人《ひと》のすごい習慣《しゅうかん》

貯《た》められる人《ひと》、貯《た》められない人《ひと》の共通点《きょうつうてん》

2023年9月19日　初版発行

著者　横山光昭
発行者　和田智明
発行所　株式会社 ぱる出版

〒160-0011　東京都新宿区若葉1-9-16
03(3353)2835 ー代表　03(3353)2826 ー FAX
03(3353)3679 ー編集
振替　東京 00100-3-131586
印刷・製本　中央精版印刷（株）

©2023 Mitsuaki Yokoyama　Printed in Japan
落丁・乱丁本は、お取り替えいたします

ISBN978-4-8272-1412-3　C0034